DELIUS KLASING

# FASZINATION KLASSISCHER YACHTEN

Text
Mario Marzari
Fotos
Carlo Borlenghi

Delius Klasing Verlag

Titel der italienischen Originalausgabe:
DETAILS, particolari preziosi di barche d'epocha

Die Deutsche Bibliothek – CIP-Einheitsaufnahme

**Faszination klassischer Yachten** / Text: Mario Marzari. Fotos: Carlo Borlenghi. –
1. Aufl. – Bielefeld : Delius Klasing, 2000
Einheitssacht.: Details, particolari preziosi di barche d'epocha <dt.>
ISBN 3-7688-1134-4

1. Auflage
ISBN 3-7688-1134-4
Die Rechte für die deutsche Ausgabe liegen beim Verlag
Delius, Klasing & Co., Bielefeld

Aus dem Italienischen von Hans-Rudolf Rösing
Text: Mario Marzari
Fotos: Carlo Borlenghi
Mario Marzari (S. 17, 125)
Grafische Gestaltung/Layout: Paolo Gonzato, Carlotta Maderna
Printed in Spain



Delius Klasing Verlag, Siekerwall 21, D-33602 Bielefeld
Tel.: 05 21/559-0, Fax: 05 21/559-113
e-mail: info@delius-klasing.de
http://www.delius-klasing.de

# Inhalt

# Einleitung

Als »alte Yachten« gelten hölzerne oder aus Metall erbaute Boote – Erzeugnisse höchster Bootsbaukunst –, die als Einzelstücke oder in kleinen Serien, untereinander aber niemals ganz gleich, gebaut wurden.

Es sind also die »alten Damen« des Meeres, Entwürfe vom Reißbrett der bekanntesten Konstrukteure ihrer Zeit, die wir noch heute in ihrer ganzen Eleganz bewundern.

Heute teilt man die alten Yachten nach dem Jahr ihrer Entstehung in zwei große Kategorien ein: eine »alte« Yacht muß vor 1950, eine »klassische« hingegen vor 1974 entstanden sein.

Diese beiden Zeitpunkte haben in technischer und historischer Hinsicht ihre Bedeutung und bezeichnen praktisch zwei Meilensteine der Geschichte des Yachtsegelns unserer Zeit; denn seit dem Beginn der 50er Jahre unseres Jahrhunderts veränderte sich die Technologie beim Bau von Sportbooten von Grund auf. Die größten Änderungen brachte der Einsatz von wasserfesten Kunstharzen, die das Kalfatern überflüssig machten. In den 70er Jahren dann ein weiterer Wendepunkt in der Materialentwicklung, namentlich bei den Kunststoffen. Immer leichtere Bauweisen wurden durch die Verwendung »exotischer« Werkstoffe wie Kevlar und Kohlenstoff möglich, wobei die Torsionssteifigkeit des Rumpfes noch erhöht wurde.

Die ersten Entwürfe für Sportyachten stammen aus dem 19. Jahrhundert. Anfangs nahm man sich die Lotsen- und Fischerboote wegen ihrer Seefähigkeit in allen Wetterlagen

zum Vorbild. Ein typisches Beispiel ist die Jolie Brise, ein besonders seetüchtiges Lotsenboot von 1903, eines der bekanntesten Regattaboote aus der ersten Hälfte unseres Jahrhunderts. Sie gewann das legendär gewordene Fastnet Race von 1930.
Damals galt diese Yacht als ideal, neben guten Segelleistungen bot sie ein Höchstmaß an Wohnlichkeit und kam mit einer möglichst kleinen Besatzung aus. Dann – wie es in der Natur der Menschen liegt – begannen die Eigner von untereinander sehr verschiedenen Yachten mit gleichen Chancen um die Wette zu segeln – das »Racing« erblickte das Licht der Welt, mit einem Ausgleich in Gestalt einer Zeitvorgabe für die Unterschiede zwischen Booten verschiedener Abmessungen. Seit 1843 kam es zu immer komplizierteren Formeln mit unterschiedlichen Bewertungen für die einzelnen Parameter, die Einfluß auf die Geschwindigkeit haben: Länge, Breite, Tiefgang, Segelfläche und Verdrängung. Diese in die jeweils geltenden Formen eingehenden Parameter haben selbstverständlich den Entwurf der Rümpfe beeinflußt, und damit veränderten sich allmählich die traditionellen Formen, weil man nun das schnellste Schiff und nicht so sehr wie früher das Boot mit den besten See-Eigenschaften suchte. Es dürfte von Interesse sein, was Laurent Giles einmal dazu sagte: »Als man noch die Fischer- und Lotsenboote zum Vorbild nahm, waren die ersten Yachten im wesentlichen ausgewogene Schiffe, weil sich der ›schlechte‹ Einfluß der Vermessungsformeln, die mit der Zeit eingeführt wurden, noch nicht auswirkte. Fahrzeuge dieses Typs konnten als die höchste Stufe einer Entwicklung gelten, die noch nicht durch diese Formeln verdorben waren, eine Entwicklung, die dann die Konstrukteure weit vom Wege des Natürlichen und Vernünftigen fortführen sollte.«
Allgemein gilt die Dorade von Olin Stephens (1931) als die erste moderne Yacht, während die Myth of Malham (1947), ein

Entwurf von Laurent Giles für John Illingworth, als die erste Yacht in Leichtbauweise gilt.

Mit dem Ende des letzten Weltkrieges gilt also ein Geschichtsabschnitt als abgeschlossen und eine Epoche der modernen Yacht unseres Jahrhunderts zieht herauf, beeinflußt von den Formeln des RORC (Royal Ocean Racing Club), und es entstehen Leichtbauyachten (light displacement) mit getrennten Rudern und Kielflossen.

In Amerika wird zu Beginn des Jahrhunderts das Gaffelrigg vom Dreieckssegel der Bermudatakelung abgelöst, die damals nach dem Erfinder der drahtlosen Telegrafie »Marconi-Rigg« genannt wurde, weil die hohen Masten mit ihrem stehenden Gut aussahen wie die Sendemasten von damals. 1930 erscheint beim America's Cup der Vorläufer der Leichtmetallmasten: der Mast des Verteidigers ENTERPRISE. Nach dem Ende des Zweiten Weltkrieges treten Nylon (1939), Orlon (1949) und Dacron (1953) bei den Segeln an die Stelle von Flachs und Mako; ebenso ersetzen Nylon, Dacron, Polyäthylen und Metall beim laufenden Gut das Hanftauwerk.

Der technische Fortschritt hat naturgemäß auf den Booten alles und jedes verändert. Dem bewundernden Blick bieten sich nicht nur die Einzelheiten auf diese wunderschönen »Königinnen der Meere«; es läßt sich dabei auch mancher Entwicklungsschritt in der Geschichte des Yachtbaus nachvollziehen.

# Bug und Vorschiff

## Überhänge
## Bugspriet

Der Bug ist das vorderste Ende eines Schiffes, er ist mehr oder weniger keilförmig und wird im eingetauchten Teil bis hin zum Kiel allmählich schärfer. Einen Vorsteven, der sich nach unten zu stark verdünnt und unter Wasser praktisch messerscharf ist, nennt man »scharf«, ein mehr gedrungener, wenig zugespitzter heißt »voll« oder »abgerundet«.

Bei der Suche nach der besten Form bemüht man sich um einen Bootsrumpf, der bei seiner Fortbewegung die Wasserfäden ohne schädliche Turbulenzen teilt. Auch der über Wasser liegende Teil kann sehr unterschiedlich geformt sein.

Der Klipperbug biegt sich oberhalb der Wasserlinie allmählich nach vorn und endet im Bugspriet, dies ist der traditionelle Klipperbug der Schnellsegler des vorigen Jahrhunderts.

Der gerade Steven beschreibt eine senkrechte oder leicht nach vorn geneigte Linie, die in Höhe der Wasserlinie in den Kiel einbiegt; er ist der klassische Vorsteven der Lotsenboote des Englischen Kanals.

Bei den Yachten ist der abgerundete, ausfallende Vorsteven sehr verbreitet. Er stammt von den schnellen amerikanischen Schonern am Beginn unseres Jahrhunderts, den Neufundlandschonern, die vor allem als Fischereifahrzeuge auf den Neufundlandbänken im Nordatlantik auf Kabeljaufang gingen. Schließlich gibt es noch den Kanubug. Er ist sehr schmal und fein und nach hinten zurückgebogen.

Außer mit Galionsfiguren verzierte man den Bug häufig mit den Abbildungen von Augen – Schiffe haben ja eine Seele und müssen »sehen« können, damit sie den Kapitän und die Besatzung sicher zum Ziel bringen.

*Linke Seite:* MARIETTE, *ein Schoner von mehr als 30 m Länge, gebaut 1915, ein Entwurf von Nathanael Herreshoff.*

# Überhänge

*Der charakteristische, abgerundete Vorsteven der* Artica II, *eine Yawl der italienischen Marine, erbaut 1956.*

*Links der abgerundete und ziemlich weit ausfallende Vorsteven der* Agneta, *ein Entwurf von 1947, Stapellauf 1951.*

Überhang nennt man den Teil des Vor- bzw. Achterschiffs, der von der Wasserlinie ausgehend nach oben schwingt. Ein ausgesprochener Überhang erleichtert den Eintritt des Vorschiffs ins Wasser und hilft dem Rumpf, mit bewegter See fertig zu werden. Die See öffnet sich unter dem Steven, sein Volumen verleiht dem Vorschiff einen Aufwärtsschub, und der Rumpf kommt leichter über die See hinweg.

Ein weniger starker Überhang hat einen kleineren Unterschied zwischen der Länge in der Wasserlinie und der Länge über alles zur Folge.

Auf diesen Seiten sind die hauptsächlichen Formen der Überhänge dargestellt, deren unterschiedliche Ausformungen bei den klassischen Yachten zu finden sind.

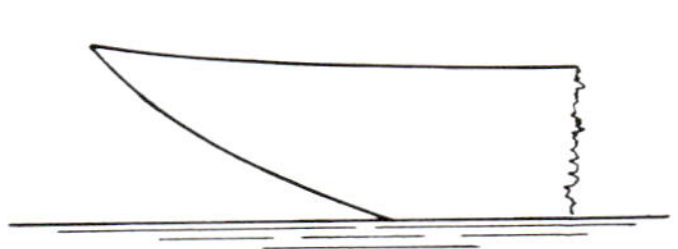

*Der weit ausfallende Löffelbug der 12-m-R-Yacht* Trivia *von 1937.*

*Rechte Seite: Ein elegant abgerundeter Vorsteven, mit dem Drachenkopf verziert, dem Firmenzeichen an allen Booten von William Fife.*

*Ein klassischer, abgerundeter Vorsteven, der sich beim Durchgang durch eine See sehr gut aus dem Wasser hebt.*

Es ist bekannt, daß die Geschwindigkeit eines Schiffsrumpfes seiner Wasserlinienlänge proportional ist, doch können Überhänge die Länge der Wasserlinie bei Krängung vergrößern. Je nach den unterschiedlichen Formen der vorderen Überhänge legen die Regeln des italienischen Verbandes alter Yachten von der Hinterschiffsform nicht abhängige Koeffizienten fest, um die theoretische Länge in der Wasserlinie für die Formel zu bestimmen, in die auch die Form des Rumpfes eingeht. So erhält man Ausgleichskoeffizienten für die klassischen Yachten, die heute Regatten segeln.

*Schnitt durch das Vorschiff einer klassischen Yacht vom Englischen Kanal mit geradem Steven; ein Entwurf von Dixon Kemp, der 1891 veröffentlicht wurde.*

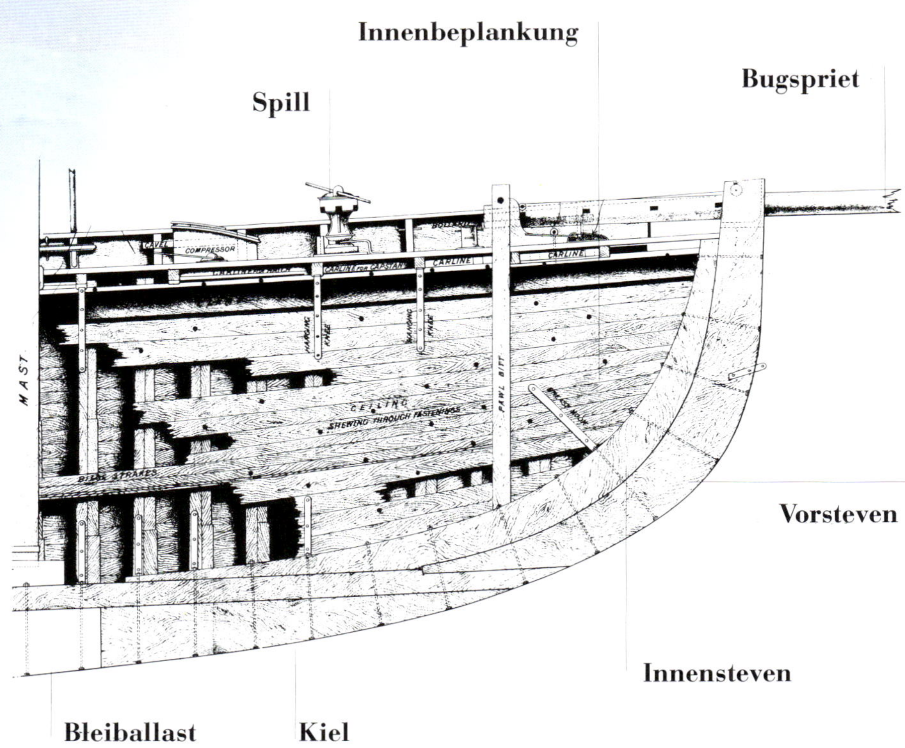

*Der gerade und scharfe Vorsteven der* Bat, *ein solider englischer Gaffelkutter von 1889. Länge etwa 4,70 m, sehr tiefer Kiel, kein Motor.*

*Unten: Der elegant ausgezogene Klipperbug der* Ghost *von 1890, ein Entwurf von C.P. Clayton. Der Klipperbug mit seinem langen und feinen Verlauf ist schwierig zu bauen. Er geht leicht durch das Wasser und macht ein Schiff schneller.*

Gewiß hat die Entwicklung der Technik, die Notwendigkeit der Kostenminderung und vor allem die von den Ausgleichsformeln erzwungene Bauweise bei den modernen Yachten eine gewisse Gleichförmigkeit mit sich gebracht. In der Anfangszeit des Yachtsegelns war das anders, wenn sich ein feiner Mann eine schöne Yacht bauen ließ, die schnell sein und möglichst gute See-Eigenschaften haben sollte, und nach diesen Grundsätzen richtete man sich auch bei den reinen Regattayachten.

Im Laufe der Zeit ließen die Ausgleichsregeln viele dieser Eigenschaften nach und nach in den Hintergrund treten, und das nicht immer mit erfreulichem Ergebnis.

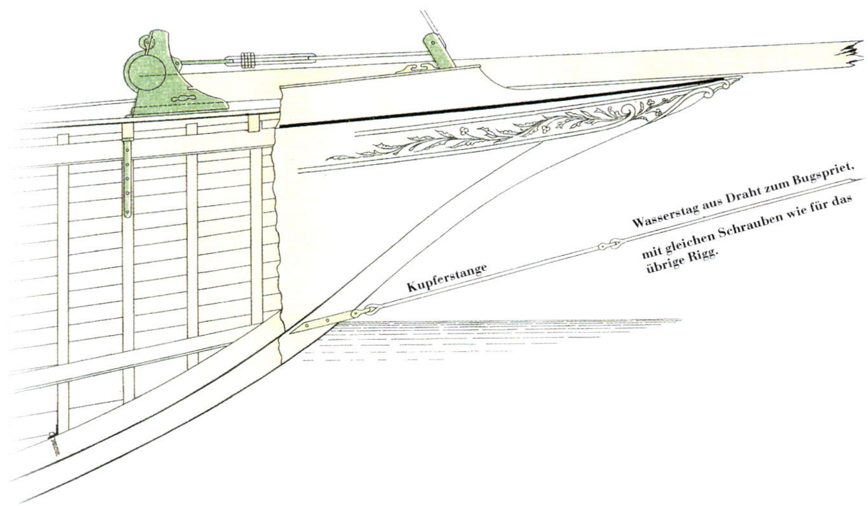

*Auf der linken Seite ist eines der seltenen Beispiele für einen kanuförmigen Vorsteven zu sehen: Hier der Bug der* Strale, *ein sehr schneller Kutter aus Mahagoniholz von Angelo Montanari nach einem Entwurf von Giuseppe Belardi, 1967 in Rimini erbaut.*

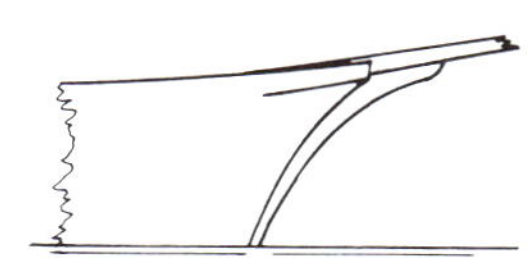

*Der nach vorn ausschwingende Klipperbug der* Avel, *eines 1896 bei Camper & Nicholsons erbauten Gaffelkutters.*

# Scharfer Bug

Um die Mitte des 19. Jahrhunderts postulierte John Scott Russell, daß das Vorschiff länger und schlanker sein müsse als das Hinterschiff. Denn er hatte erfaßt, daß der Ablauf der Wasserfäden entlang des Schiffsrumpfs von der Verdrängungsverteilung in der Längsrichtung abhängig ist und damit auch von der Krümmung der Wasserlinien. Für den Entwurf eines Vorschiffs benutzte er daher eine Raum-Kurve, die sogenannte »Sinoide«, die dem natürlichen Verlauf der Wellenform folgt. Nach dieser Wellenlinien-Theorie gestaltete er den Rumpf für den Kutter Mosquito, 1848, dessen Siege die Tendenz zu geradezu messerförmigen Bootsrümpfen auslöste.

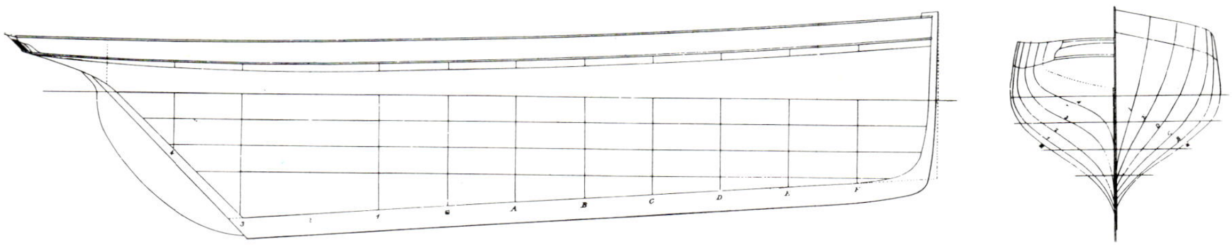

*Längs- und Spantenriß des Kutters* Mosquito, *erbaut 1848. Bei einer Länge in der Wasserlinie von etwa 18 m war das Schiff nur gerade einmal 4,65 m breit.*

*Ein Vergleich der Vorsteven der 12-m-R-Yachten* Nyala *und* Flica II. *Erstere ist ein Entwurf von Olin Stephens, 1937; die andere von Jack L. Giles im darauffolgenden Jahr.*

Cintra, *ebenfalls ein 12-m-R-Boot, ein Entwurf von William Fife, 1909. Der Vorsteven hat weniger Überhang und ist mehr abgerundet als bei der* Nyala *und der* Flica II.

*Segelriß der* Astra, *ein Boot der J-Klasse, 1928 bei Camper & Nicholsons in Gosport erbaut. Auf dem Foto ist der großartige Überhang des Bugs deutlich zu sehen.*

# Bugspriet

Das Bugspriet ist im Grunde ein Mast, der jedoch nicht mehr oder weniger senkrecht steht, sondern mit einer Neigung von etwa 20 Grad zur Wasseroberfläche aus dem Vorsteven eines Schiffes hinausragt. Auf größeren Schiffen besteht er aus einem kräftigen Stamm, dem eigentlichen Bugspriet, mit einem Klüverbaum und ggf. noch einem weiteren Baum für den Außenklüver; auf kleineren Fahrzeugen ist er aus einem Stück. Das Bugspriet wird nach den Seiten durch vom Vorschiff her angreifende Stage, die Seitenstage, und nach unten hin durch das zum Vorsteven hinuntergeführte Wasserstag abgestützt. Das Bugspriet ist einer der am meisten auffallenden Bestandteile der Takelage eines Segelschiffes; an den Stagen kann man eine Reihe von Vorsegeln setzen und so mehr Tuch an den Wind bringen, was wiederum die Segelfläche und damit die Geschwindigkeit erhöht; außerdem helfen die Vorsegel beim Durch-den-Wind-Gehen. Auf Schiffen mit Lateinersegeln nennt man das Bugspriet »Spingone« (das Hervorragende).

*Das Bugspriet des Schoners* Mariette *von unten aufgenommen; die Seitenstage ist deutlich zu erkennen.*

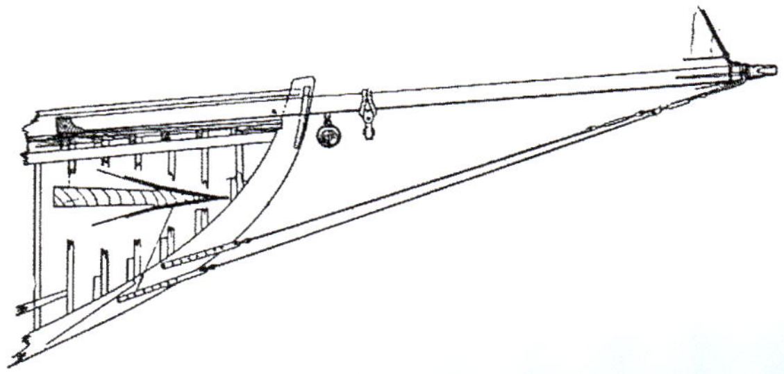

*Links: Detailzeichnung der Anbringung des Bugspriets auf der Yacht* Niña *von 1928.*
*Rechts: Verstärkung der Befestigung des Bugspriets am Vorsteven und die Gabeln zur Befestigung der Seitenstage.*

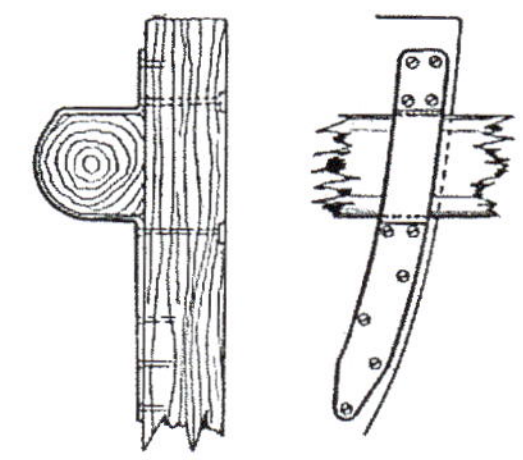

*Das Bugspriet und das Sicherheitsnetz sind für die Männer beim Arbeiten an den Vorsegeln als Halt sehr wichtig. Hier ein Vorsegelmanöver auf der* ORION, *einem Stagsegelschoner, 1910 in Gosport bei Camper & Nicholsons erbaut.*

*Links: Die Befestigung des Bugspriets an Deck.*
*Unten: Detail des Bugspriets der Ketsch* TIRRENIA II. *Man beachte den Ausholring für den Hals des Vorsegels.*

**Beweglicher Vorsegelhals**

Auf manchen Booten läßt sich das Vorsegel auf dem Bugspriet ausholen. Der Hals wird an einen kräftigen, auf dem Bugspriet laufenden Ring angehakt. So kann man ihn bequem an Deck anschlagen und dann das Segel zum Stehen bringen.

*Auf der Zeichnung die Einzelheiten des beweglichen Ausholringes und das vordere Ende des Bugspriets mit der eingebauten Umlenkrolle zur Führung des Ausholers.*

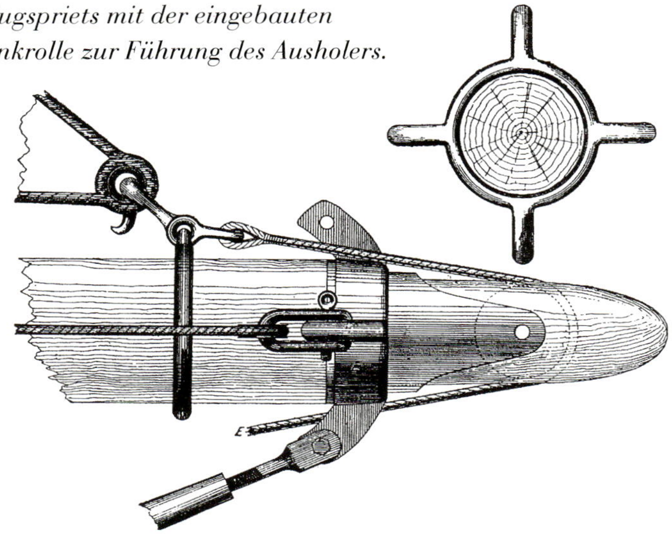

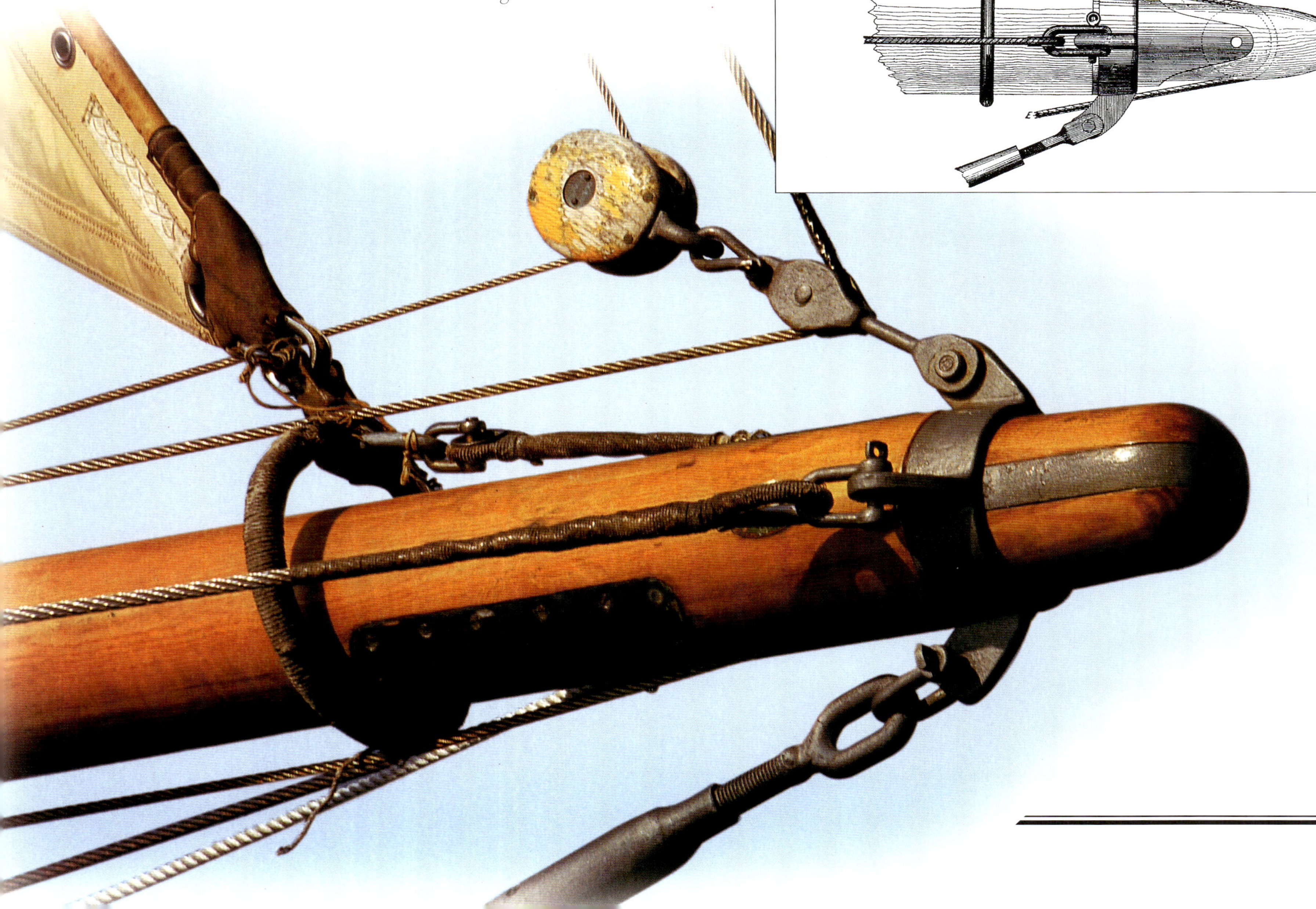

# Luken

Dieser Begriff bezeichnet die mehr oder weniger wichtigen Aufbauten, die den Zugang zum Schiffsinnern bilden. Die auf dem Vordeck befindlichen Luken sind deutlich kleiner als jene der Deckshäuser.

*Einige Ausführungen von Luken, die auf dem Vorschiff verschiedener Yachten aufgenommen wurden. Links ein Schiebeluk; darunter einstellbare Luken.*

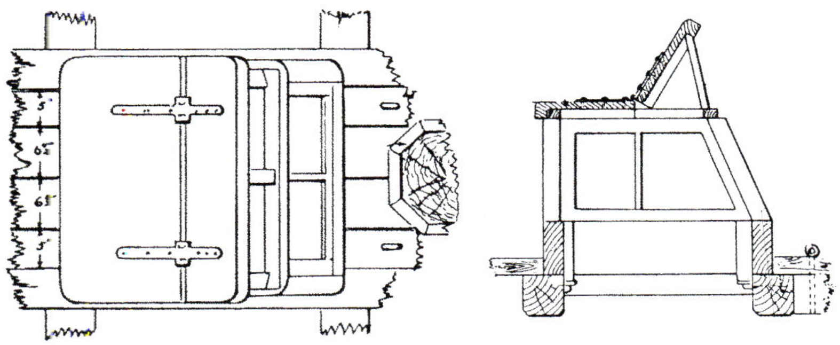

*Eine weitere Ausführung eines Schiebeluks. Bei seiner Anbringung auf dem Vorschiff muß es kräftig ausgeführt und wasserdicht sein.*

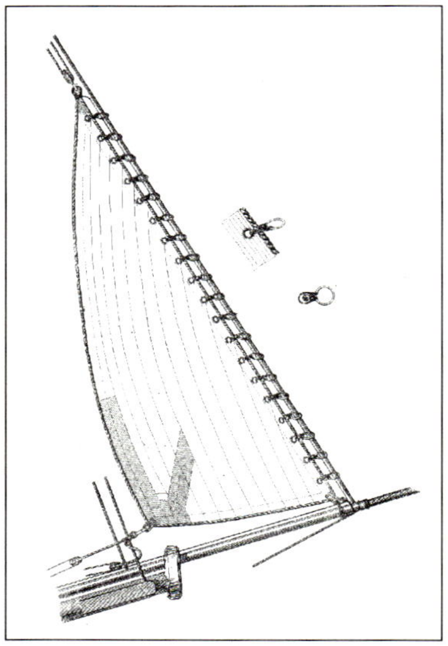

*Auf der Zeichnung ein Detail des Fockstags auf dem Bugspriet. Das Vorliek des Segels läuft mit Stagreitern auf dem Vorstag.*

*Der Bug der* Zaca A Te Moana *mit seiner schönen goldenen Bugzier. Der Mann auf dem Bugspriet winkt den Rudergänger ein; hier beim Start zur Nioulargue, der Regatta für die alten und klassischen Yachten.*

*Die lange Spiere des Bugspriets der Moya reicht weit über den Vorsteven hinaus. Die Crew geht zum Vorsegelwechsel nach vorn. Darunter: Zwei Mann bei der Arbeit auf dem Bugspriet; der Bug ist vollständig in ein Wellental eingetaucht.*

Das Schiff galt immer als ein lebendes Wesen und war deshalb Gegenstand der Fürsorge seines Eigners, des Erbauers und seiner Besatzung. Und das gilt besonders für das Vorschiff – den Kopf des Schiffes –, in dem seine Seele wohnt; seit jeher bemüht man sich daher, es zu verschönern und mit mehr oder weniger auffallenden Aufbauten zu verzieren.

Der Bug ist immer noch der Platz für diese Tradition, auch wenn die üppigen Rammsteven und die vergoldeten Galionsfiguren der Schiffe zu schlichten Ornamenten geworden sind.

Hier und da sieht man noch eine Galionsfigur, das letzte Erbstück aus vergangener Zeit, das Symbol für den Namen des Schiffes. Doch gibt es bei den alten Yachten heute noch viele aufgetragene oder eingekerbte Verzierungen als Unterscheidungsmerkmal und als Zeichen persönlicher Verbundenheit.

*Rechts: Ein neues Vorsegel wird angeschlagen, während der Auftrieb des Vorschiffs das Boot vorn aus dem Wasser stößt, um über die nächste See hinweg zu gehen. Die beiden Fotos zeigen deutlich, wie schwer die Arbeit auf dem Bugspriet bei Seegang sein kann.*

*Folgende Doppelseite: Der Schoner Mariette, ein Entwurf von Nat Herreshoff, beim Überholen einer Yawl in einer Regatta.*

# Das Cockpit

Das Ruder
Instrumente
Das Deckshaus
Schilder
Oberlichter

Das Cockpit liegt in dem Bereich des Hinterschiffs, in dem sich der Zugang zur Kajüte befindet, und es bietet der Besatzung einen einigermaßen geschützten Platz. Der »Brunnen« liegt im Hinterschiff, wo das Deck unterbrochen und im Schutz des Aufbaus tiefer in das Bootsinnere gelegt ist. Meist sind in das Cockpit Bänke für den Rudergänger und für die Besatzung zur Erleichterung ihrer Arbeit eingebaut. Das Cockpit wird auch »Plicht« genannt. Auf Segelyachten ist das Cockpit ein besonders wichtiger Bestandteil des Oberdecks, in den die wichtigsten Teile des laufenden Gutes zur Erleichterung der Bedienung der Segel geführt sind. Es ist der am besten geschützte Bereich, in dem sich die Crew klar zu allen Manövern aufhalten und von wo aus sie schnell eingreifen kann.

Aus Sicherheitsgründen ist es nicht allzu groß; am besten sollte es nur so breit sein, daß man sich bei Lage auf der Luvbank sitzend, mit den Füßen an der Leebank gut abstützen kann.

Meist verläuft um das Cockpit ein Waschbord, das überkommendes Wasser abhält und der Besatzung Schutz gibt. Auf Regattabooten ist es gewöhnlich selbstlenzend, d.h. eingedrungenes Wasser kann durch oberhalb der Wasserlinie gelegte Lenzrohre ablaufen.

Auf den großen Rennyachten der 30er Jahre, die kein Cockpit hatten und auch keine Seereling, ist so mancher Segler über Bord gegangen. Auf großen Kreuzeryachten, die kein Cockpit haben, ist das allerdings anders, wenn die Höhe des Freibords für eine genügende Höhe des Raumes unter Deck ausreicht; das durchgehende Deck ist für die Wohnlichkeit im Inneren des Bootes von Vorteil.

*Linke Seite: Das Cockpit der* AMADEUS *ist in zwei getrennte Abteilungen unterteilt. Hinter dem Ruderrad der Platz für den Rudergänger, davor der Platz für die »Schotenreißer«.*

# Das Ruder

In seiner einfachsten Form besteht das Ruder aus einem um eine senkrechte Achse drehbaren Ruderblatt, das am Achtersteven mit kräftigen Scharnieren angelenkt ist.

Die Scharniere bestehen aus Fingerlingen und Ösen, »männlicher und weiblicher Teil«. Das Ruderblatt kann um einen Winkel von 25 bis 45 Grad gedreht werden; der auf die angestellte Fläche wirkende Wasserdruck gibt dem Bug einen Dreh in Richtung der Ruderlage.

Auf Booten mit überhängendem Heck wird der Ruderschaft durch ein dafür eingebautes Rohr, den Ruderkoker, bis in Deckshöhe geführt; auf Booten, bei denen der Spiegel mit dem Achtersteven endet, ist es angehängt. Das Ruder wird entweder direkt mit einem waagerechten »Steuerknüppel«, der Pinne, oder mit dem klassischen Ruderrad mit seinen Griffen über Getriebe und Übersetzungen gelegt.

Eine Yacht segelt gut ausgeglichen, wenn es keine große Kraft erfordert, sie auf Kurs zu halten, d.h., sie hat eine gute Form- und Gewichtsstabilität, zwei von der Form des Hauptspants und von der Gewichtsverteilung bestimmte Größen.

*Ruderrad mit direkter Übertragung; es ist an der Achterkante des Cockpits angebracht. Man kann entweder rittlings auf dem Kasten, in dem der Ruderkopf und das Gestänge liegen, steuern oder seitlich des Ruderrads.*

*Rechte Seite: Ein traditionelles Ruderrad mit Namensschild. Der Gaffelkutter* Moonbeam *war ein Entwurf von William Fife und wurde auf seiner Werft gebaut.*

MOONBEAM
Wm FIFE 1903

Das Ruderrad liegt gewöhnlich hinter dem Steuerkompaß, so daß der Rudergänger den Kurs halten kann.
Der Griff des Ruderrades, der bei genauer Mittschiffslage des Ruders nach oben zeigt, trägt eine Marke.
Das Ruderrad wirkt auf einen Übertragungsmechanismus, der den Ruderschaft dreht. Dieses System erleichtert dem Rudergänger die Arbeit und ist auf Booten ab einer gewissen Größe unbedingt erforderlich.

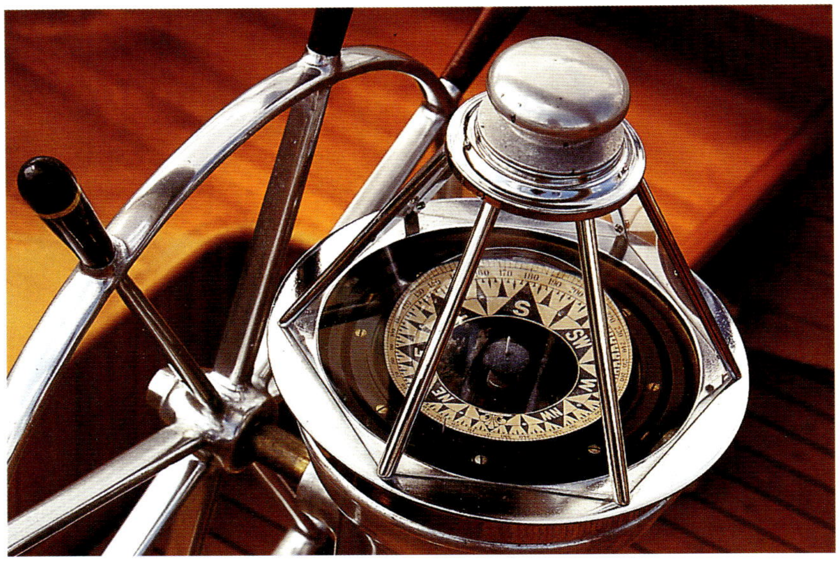

*Das Kompaßhaus der* TOMAHAWK, *eine 12-m-R-Yacht von Camper & Nicholsons, erbaut 1939.*

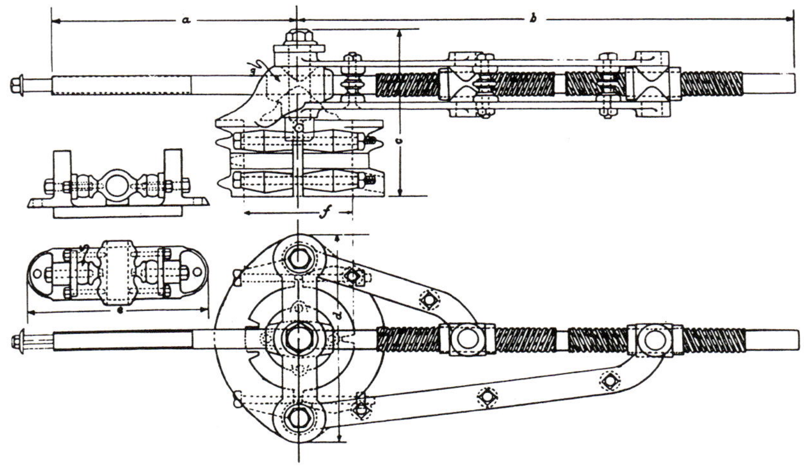

*Zeichnungen der mechanischen Ruderübertragung auf amerikanischen Schonern, nach einem Patent von Edson, das von Robinson verbessert wurde: Das Ruderrad wirkt auf ein Schneckengetriebe, das über die kleinen Arme den Ruderkopf dreht.*

*Vorderansicht des Ruderstandes auf der* HYGIE, *bei Le Marchant in der Bretagne 1930 erbaut. Die Kompaßsäule liegt vor dem Steuerrad.*

*Rudergänger auf der* Puritan, *ein bermudagetakelter Schoner nach einem Entwurf von J. Alden und in New London, USA, 1931 erbaut. Im Vordergrund das schöne Kompaßhaus mit der Messinghaube auf der Kompaßsäule.*

*Folgende Doppelseite: Ruderstand und Instrumentenbrett auf der* Madifra. *Das kleine Foto zeigt die Rose des Steuerkompasses.*

BOAT SPEED
Robertson
AP200 SAIL
COURSE

*Bei der Ruderpinne gibt es keinerlei kraftsparende Mechanik. Sie ist daher nur auf Booten unter 15 m Länge zu finden.*

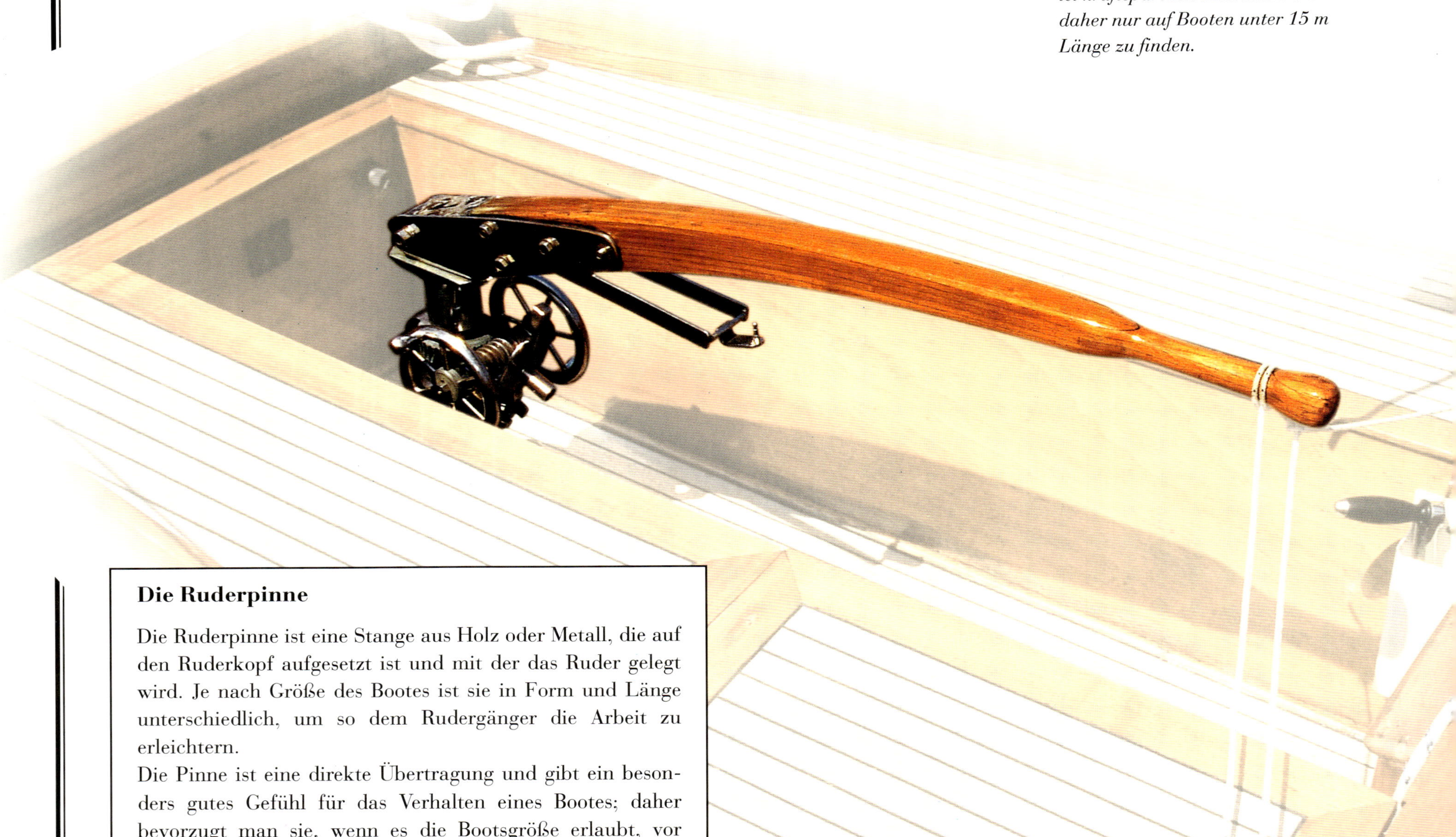

**Die Ruderpinne**

Die Ruderpinne ist eine Stange aus Holz oder Metall, die auf den Ruderkopf aufgesetzt ist und mit der das Ruder gelegt wird. Je nach Größe des Bootes ist sie in Form und Länge unterschiedlich, um so dem Rudergänger die Arbeit zu erleichtern.

Die Pinne ist eine direkte Übertragung und gibt ein besonders gutes Gefühl für das Verhalten eines Bootes; daher bevorzugt man sie, wenn es die Bootsgröße erlaubt, vor allem auf Regattabooten.

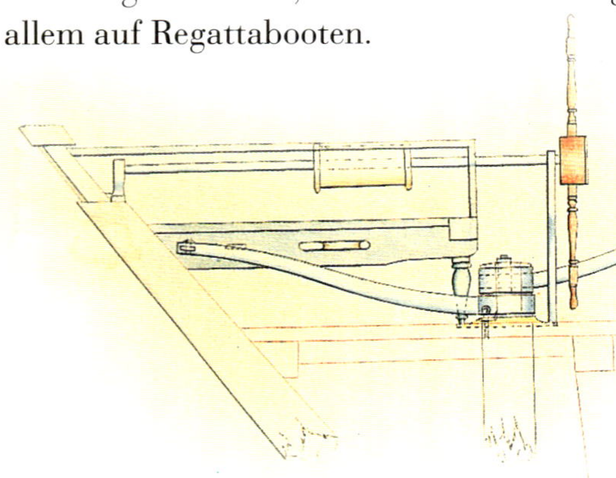

*Beispiel einer Notruderpinne, etwa 1885, auf einer zeitgenössischen Abbildung.*

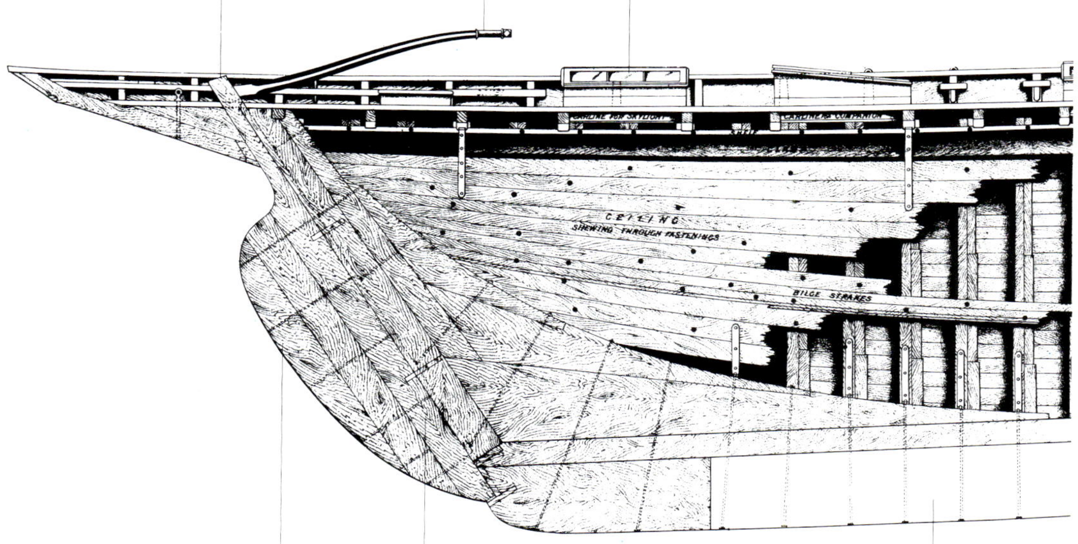


*Das Hinterschiff einer Yacht um 1880. Die Zeichnung von Dixon Kemp zeigt sehr deutlich das Ruder, das durch Scharniere mit dem Achtersteven verbunden ist. Bemerkenswert die kräftige Ausführung der Verbindung zwischen Kiel und Achtersteven, der am höchsten beanspruchten Stelle eines Bootskörpers.*

Nach einem Ausspruch von Douglas Phillips-Birt zeigt die Geschichte des Yachtbaus, daß es »mehr um den Kampf gegen die Formel als den gegen die See« ging. Als die Länge des Kiels für die Formel maßgebend war, reagierte man sofort mit einem erheblichen Überhang achtern. So konnte die Länge des Kiels wesentlich kleiner werden als die Länge in der Wasserlinie. Danach bestrafte das Thames Measurement die Breite, und die Folge waren extrem schmale Boote. Dem wollte man durch Bewertung der mittleren Länge und der Länge bezogen auf die Segelfläche entgegenwirken; damit wuchs die Breite, der Freibord wurde geringer, und die Verdrängung nahm nach und nach ab, um so möglichst hohe Geschwindigkeit bei einer gegebenen Segelfläche zu erzielen.

*Auf der* Joyette, *einem Schoner mit Bermudarigg von Camper & Nicholsons, 1907, steht der Rudergänger neben dem Ruderrad.*

# Instrumente

Zwischen jener Zeit, als Seeleute auf ihren staunenswerten Seefahrten nur nach den Sternen navigierten und den Booten von heute, auf denen es fast so viele Navigationsinstrumente gibt wie im Cockpit eines Flugzeugs, hat es bestimmt einmal eine Zeit gegeben, als man nicht mehr als die zum sicheren Segeln unentbehrlichen Instrumente an Bord hatte – und das ist wahrscheinlich die Zeit der klassischen Yachten.

Einen Kompaß zur Richtungs- und Kursbestimmung; ein Log zur Fahrtberechnung; ein Lot zur Bestimmung der Wassertiefe unter dem Kiel; ein Barometer zur Messung des Luftdrucks und einen Krängungsmesser zur Anzeige der seitlichen Neigung. Für anspruchsvollere Reisen benötigte man dazu ein Chronometer, eine Präzisionsuhr mit der Zeit des Nullmeridians, und einen Sextanten, ein Instrument zur Messung von Gestirnshöhen über dem Horizont, mit denen der Schiffsort bestimmt wird.

*Kompaßhaus der Mariette aus Messing und Kristallglas, durch das man auf die Kompaßrose blickt.*

*Das Kompaßhaus schützt den Kompaß vor Witterungseinflüssen. An der rechten Seite das Lampenhaus für die Nachtbeleuchtung.*

*Ein klassisches Kompaßhaus aus Messing auf der Emilia, einem Schoner von 1930. Kompaßhäuser müssen aus nichtmagnetischem Material sein, um störende Einflüsse zu verhindern.*

*Instrumentenbrett auf der* Altair*, ein von W. Fife entworfener Schoner, auf der Werft von Fife 1931 erbaut. Die vollständig restaurierte Yacht befindet sich seit 1949 im Mittelmeer.*

*Auf dem sehr gut ausgestatteten Instrumentenbrett sind eine Uhr, das Barometer und mehrere Loggen zur Bestimmung der Fahrt und des abgelaufenen Weges zu sehen.*

Der Kompaß ist ein Instrument, das auf magnetischer Wirkung beruht.
Schon lange in China bekannt, kam er Ende des 12. Jahrhunderts ins Mittelmeer, und in Verbindung mit der Windrose wurde aus ihm zu Beginn des 14. Jahrhunderts der Kompaß mit Windrose für die Seefahrt.
Bei den heutigen Instrumenten ist der Behälter, in dem die Rose schwimmt, kardanisch aufgehängt und ist dadurch von der jeweiligen Neigung des Schiffes unabhängig. So wird die Windrose, die in 360 Grade eingeteilt ist, ständig parallel zum Horizont gehalten.

*Ruderstand einer großen Segelyacht, vollständig ausgestattet mit Kompaß und Kompaßhaus, Instrumenten und Maschinentelegraf.*

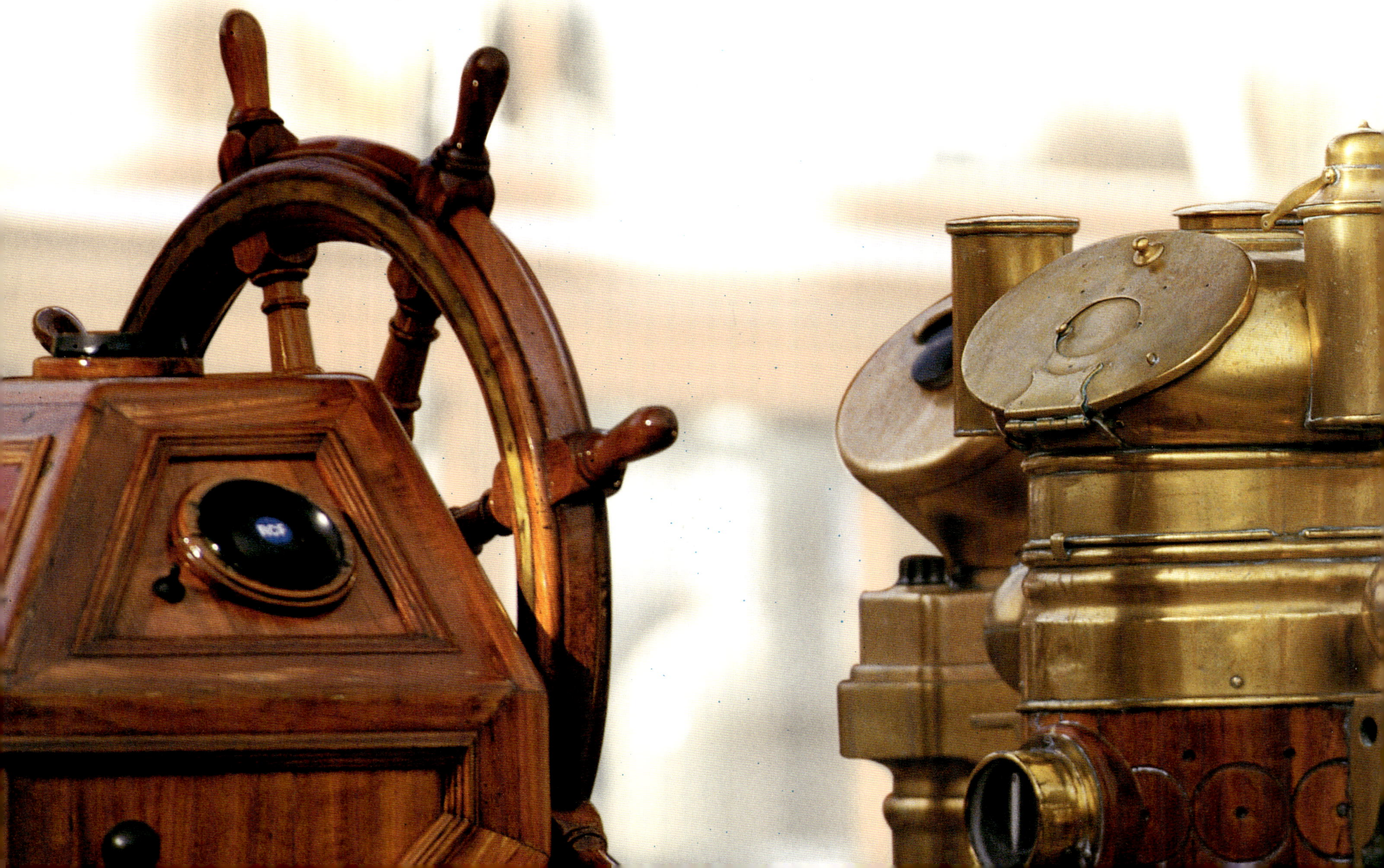

*Ein Krängungsmesser aus Messing, der an der Außenwand des Deckshauses angebracht ist. Er zeigt die Krängung des Schiffes an.*

*Folgende Doppelseite: Die Avel unter Segeln. Bemerkenswert die geringe Größe des Cockpits und der sehr gute Platz für den Rudergänger.*

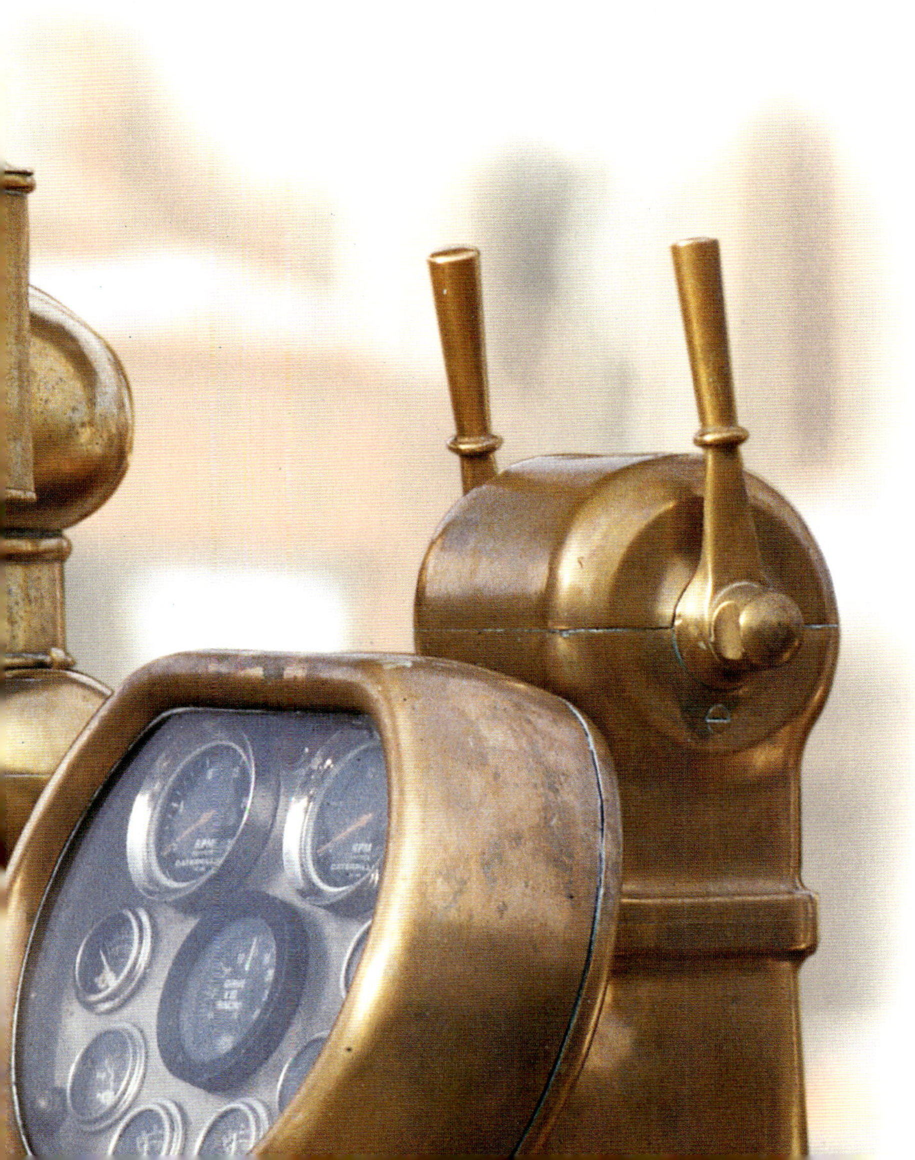

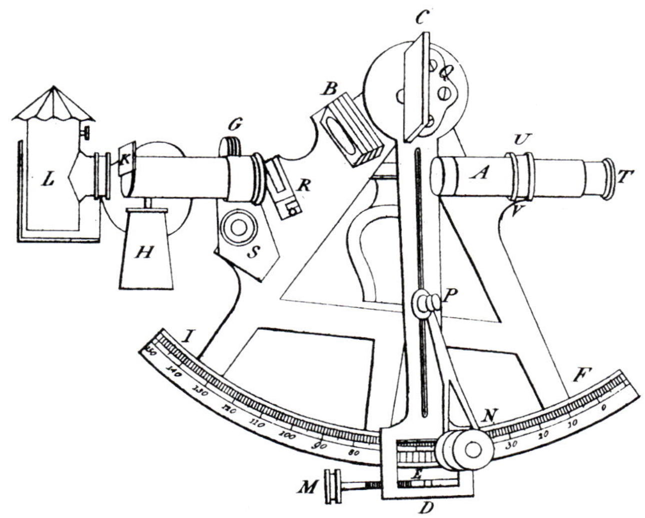


**Der Sextant**

ist ein optisches Gerät, das aus einem Kreisbogen mit Gradeinteilung von etwa 60 Grad – ein Sechstel des Umfanges eines Kreises, daher der Name – besteht. Er trägt ein kleines Fernrohr und zwei Spiegel, von denen der eine fest am Rahmen und der andere an dem Schwenkarm, der Alhidade, angebracht ist. Der Sextant ist eine Weiterentwicklung des Oktanten – ein Achtel des Kreisbogens –, der 1732 von Hadley erfunden wurde; beide Instrumente dienen zur Messung von Gestirnshöhen über der Kimm oder auch zur Bestimmung des Winkels zwischen zwei Sternen oder Objekten an Land für die Bestimmung des Schiffsorts. Zur Bestimmung der geographischen Länge ist eine Uhr notwendig, die genau die Zeit des Bezugsmeridians, des Meridians von Greenwich, anzeigt.

*Ein alter Stich von 1845, auf dem die Handhabung des Hadleyschen Sextanten dargestellt ist.*

# Das Deckshaus

Die leichten Aufbauten auf dem Oberdeck, die einen Eingang in das Schiffsinnere bieten, nennt man Aufbau oder Deckshaus. Sie sind sehr unterschiedlich gebaut, und oft lassen sie eine »Mode« der Zeit oder den Stil einer bestimmten Werft oder auch eines Konstrukteurs erkennen. Sie reichen so gut wie nie bis zur Bordwand, sondern lassen Raum zum Vorbeigehen. Oft öffnen sie sich zum Cockpit hin und können außer der Verbesserung der Wohnlichkeit unter Deck verschiedenen Zwecken dienen.

*Ein großer und heller Aufbau macht den darunterliegenden Salon besonders wohnlich, kann jedoch zu einer Gefahrenquelle werden, wenn eine See an Deck steigt.*

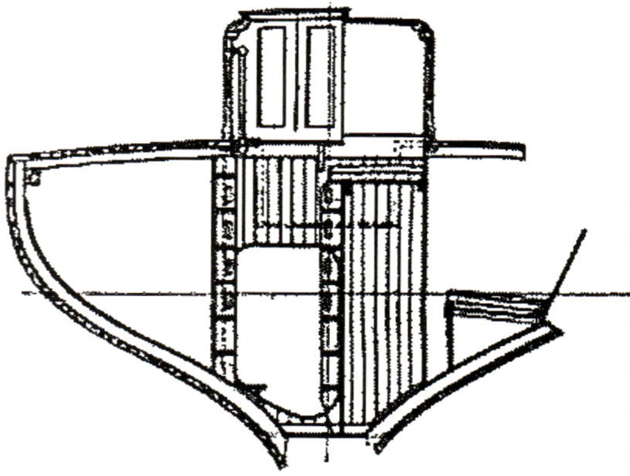

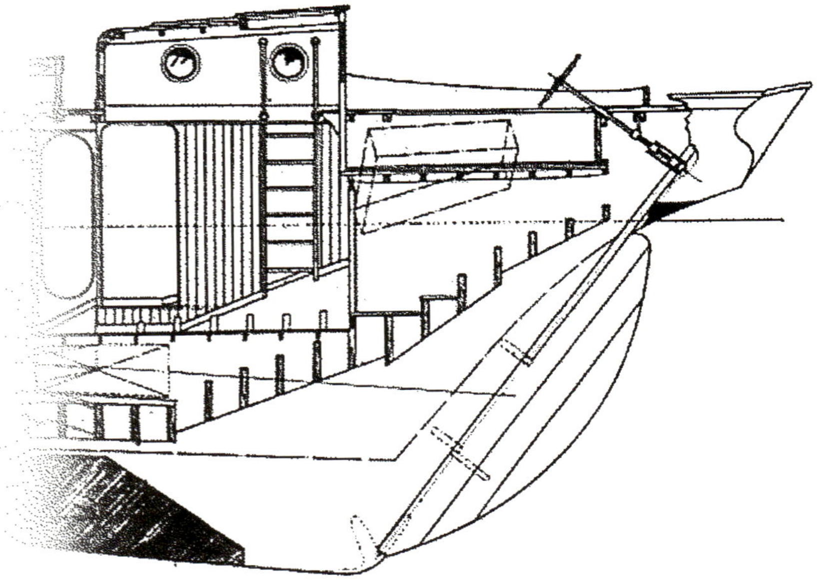

*Längs- und Querschnitt des Deckshauses der* Niña, *ein Entwurf von Starling Burgess, die 1928 das Fastnet Race gewann.*

*Die* Skagerrak *ist eine Yawl mit eleganten Linien – eine für Seeregatten bestimmte Kreuzeryacht der damaligen deutschen Kriegsmarine.*
*Sie wurde 1939 bei Abeking & Rasmussen erbaut; das Deckshaus ist etwas Besonderes. Weiter hinten das Cockpit für die Bootsführung und den Rudergänger.*

Bullauge nennt man die runden Seitenfenster in Aufbauten oder in der Bordwand. Sie lassen Licht und Luft ins Schiffsinnere. Wie alle Öffnungen an Bord, durch die Wasser eindringen kann, sind sie mit sehr stabilen Klappen aus starkem Glas mit Metalleinfassung geschlossen und werden durch kräftige Schraubverschlüsse auf eine Dichtung gepreßt. Sie sind aus Bronze oder Stahl gefertigt und haben eine oder zwei Klappen.

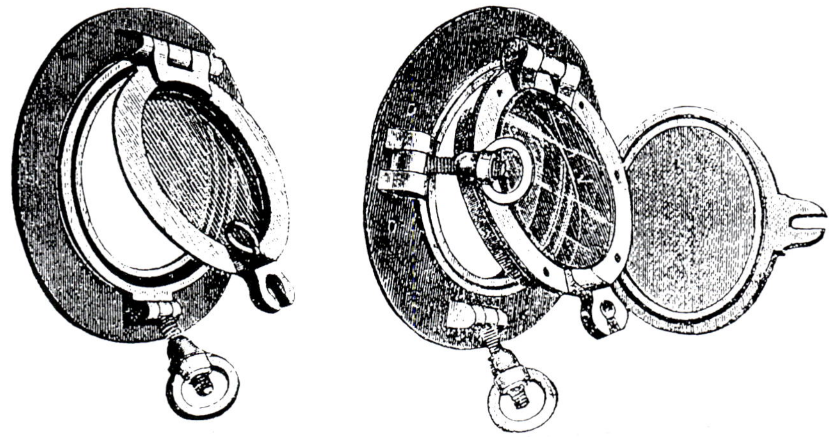

*Auf den Zeichnungen sind zwei Arten von Bullaugen dargestellt, wie sie auf Yachten üblich sind: links mit einer Klappe aus Glas, rechts mit doppelter Klappe, eine aus Glas, die andere zum Abblenden und für höhere Festigkeit aus Metall.*

*Folgende Doppelseite: Auf der* EUGENIA V *ist das Deckshaus verlängert und umschließt ein auf dem Deck liegendes Cockpit. Die Yacht von mehr als 21 m Länge ist ein Entwurf von Philip Rhodes. Sie wurde 1969 bei Sangermani erbaut.*

*Bullauge aus Messing am Deckshaus der Ketch* TIRRENIA II. *Auf neueren Booten sind die Seitenfenster rechteckig oder in ihrer Form den Linien des Aufbaus angepaßt.*

*Klassische Bullaugen aus Messing am Deckshaus der* NIÑA LUISITA, *ex* POFI, *ein Schoner mit Hochtakelung, 1932 auf der Werft Baglietto erbaut.*

## Schilder

Es ist üblich, an Bord von Yachten Schilder mit dem Namen der Bauwerft, dem Ort und Jahr der Fertigstellung und manchmal auch dem Namen des Konstrukteurs anzubringen. Solche Schilder sind so etwas wie ein Markenzeichen, auf das der Eigner mit Recht stolz ist.

Fast immer sind sie aus Messing, sie sind nüchtern und elegant und an einer an Deck gut sichtbaren Stelle angebracht. Ihr »klassischer« Platz ist am Aufbau neben dem Niedergang. Die Schilder der berühmten Yachten sind für Liebhaber so etwas wie Reliquien und haben einen gewissen Wert auf dem Nautiquitätenmarkt.

Heute findet man auf den klassischen Yachten auch Schilder der Werften und derjenigen, die die Restaurierung der Yacht geplant und durchgeführt haben.

*Das Malteserkreuz in der Mitte des Schildes ist ein begehrtes Zeichen, bedeutet es doch, daß das Schiff die höchste Klasse von Lloyds in London erhalten hat.*

*Oben: Das Schild der* Rondine II*,*
*ein Bau von Sangermani.*
*Rechts das Firmenschild der Werft*
*Baglietto auf der* Niña Luisita.

# Oberlichter

Dies sind Lukenöffnungen, über denen dachförmige Aufbauten an Deck oder auf dem Deckshaus angeordnet sind; ihre Wände und die Fensterrahmen sind aus Holz gefertigt, das Glas der Fenster ist oft durch Metallstäbe geschützt. Die beiden Klappen können auf verschiedene Weise in mehr oder weniger geöffneter Stellung festgesetzt werden.

*Oben ein Oberlicht mit ganz geöffneten Klappen, um möglichst viel Luft und Licht in das Bootsinnere zu lassen.*
*Darunter die Teilansicht eines Oberlichts mit Metallstäben zum Schutz der Glasscheiben. Oberlichter werden auch »skylights« genannt.*

**Deckslüfter** bestehen aus einem über einer Öffnung an Deck oder auf dem Aufbau an passender Stelle senkrecht stehenden Rohr aus Metall, durch das Frischluft ins Bootsinnere geleitet wird. Dem Rohr ist ein schwenkbarer und zu einer Haube erweiterter Lüfterkopf aufgesetzt, der in die Windrichtung gedreht werden kann.

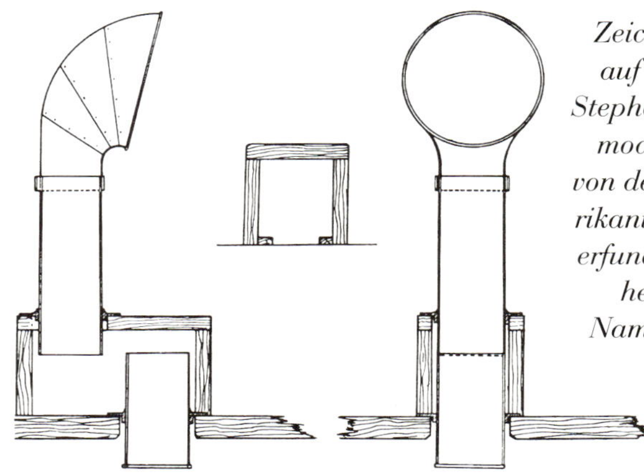

*Zeichnung eines Lüfters auf der Dorade von Olin Stephens, die als die erste moderne Yacht gilt. Der von dem berühmten amerikanischen Konstrukteur erfundene Lüfter ist auch heute noch unter dem Namen »Dorade-Lüfter« verbreitet.*

*Ein Oberlicht, das in jeder Stellung festgesetzt werden kann. In der leeseitigen Öffnung wird eine wasserdichte Persenning mit Druckknöpfen befestigt; damit kann man beim Segeln die Leeklappe offen fahren.*

*Im Vordergrund das große Oberlicht an Deck der* MARIETTE, *das durch dicht beieinander angeordnete Stäbe aus Stahl geschützt ist.*

*Beiderseits des Oberlichts die großen Deckslüfter aus Messing; davor die gemütliche Sitzecke an Deck mit dem Klapptisch.*

# Heck und Achterschiff

## Spiegel
## Überhänge
## Flaggen
## Verzierungen

Das Achterschiff ist der vornehmste Teil eines Schiffes, wo sich die Flagge, das Ruder und die Schiffsführung befinden, und wo die leitenden Persönlichkeiten wohnen. Es trägt auch die reichste Bemalung und Skulpturen – so steht es in dem alten Seefahrtslexikon des Padre Guglielmotti, und diese Definition ist auch heute noch zutreffend.

In der alten Zeit galt der achtere Teil des Schiffes, »Kastell« oder »Hütte« genannt, als der wichtigste Aufbau; er war der Schiffsführung vorbehalten und oft noch das letzte Verteidigungsbollwerk. Auch heute noch steigt auf manchen traditionellen Schiffen das Deck von vorn nach hinten an, es gibt aber auch regelrechte Hütten, die eine verbesserte Wohnlichkeit der Räume an und unter Deck bieten. Die Hinterschiffslinien sind unter Wasser für einen guten Wasserablauf fein, über Wasser sind sie voll gehalten. Der wichtigste Bauteil des Hecks ist der Achtersteven, auch Rudersteven genannt, an dem das Ruder mit kräftigen Scharnieren angelenkt ist.

Die Heckform soll jenes »Wellental« widerstandsgünstig »einebnen«, das der Bootsrumpf bei der Vorwärtsbewegung durch das Wasser erzeugt; sie beeinflußt die Ruderwirkung und wird durch die Eigenschaften des Seegebietes bestimmt, in dem das Boot segeln soll, von der »Mode« der Zeit und schließlich von den Formeln. Es gibt daher sehr viele Arten von Hinterschiffen, jede hat ihre Vor- und Nachteile: gewölbt oder vierkant, diese ist wahrscheinlich bei den Sportbooten am meisten verbreitet; die elipsenförmigen oder runden; das Kanuheck, das scharf ist wie ein zweiter Bug, das Norwegerheck, das dem Kanuheck ähnlich ist, aber mit geringerem Überhang.

»Spiegel« nennt man die gerade oder leicht abgerundete, nach vorn oder hinten geneigte Fläche, durch die das achterste Ende des Rumpfes abgeschlossen wird.

*Linke Seite: Das großartige Heck der Astra, ein Boot der J-Klasse, 1928 bei Camper und Nicholsons in Gosport erbaut.*

# Spiegel

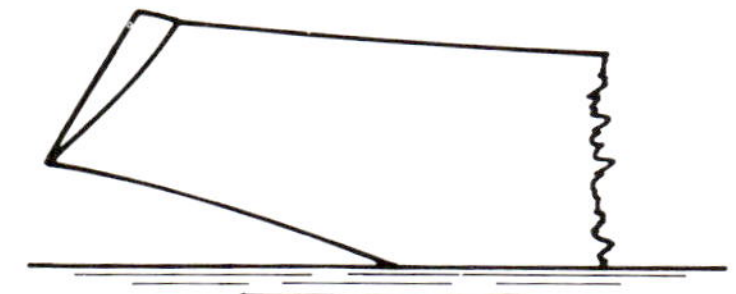

*Der Spiegel der Angelica, 1987 von Sergio & Nico nach einem Entwurf von Carlo Sciarrelli erbaut. Die Länge über alles beträgt 16 m.*

Die Form des Spiegels wird in hohem Maße von den Hinterschiffslinien und vom achteren Überhang bestimmt. Sehr oft kann man am Spiegel die »Handschrift« des Konstrukteurs erkennen; so die »abgeschnittenen« Heckformen von Laurent Giles mit kleinen senkrechten Spiegeln oder die »herzförmigen«, wenig überhängenden, die Carlo Sciarrelli so liebt.

Auf dem Spiegel, der von einem leichten Rahmen, dessen Farbe sich von der des Rumpfes abhebt, eingefaßt sein kann, sind meist der Bootsname, der Heimathafen und die Initialen des Clubs, manchmal auch der Clubstander, aufgetragen. Das ist alles, was noch übrig ist von der prächtigen Heckzier, die seit der Frühzeit der Seefahrt zu einem Schiff gehörte.

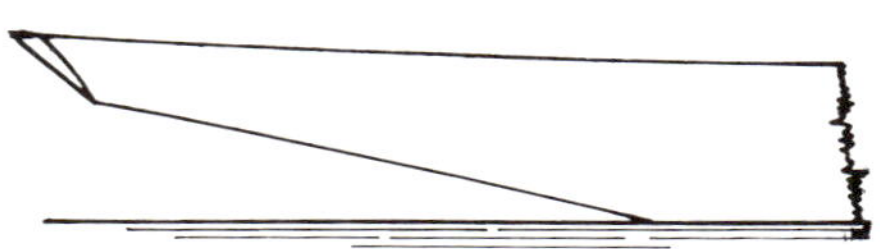

*Oben die Zaca A Te Moana. Ihr überhängendes Heck zeigt einen Spiegel in Form eines in die Breite gedrückten Herzens mit umlaufender Zierleiste. Unter dem Namen der Heimathafen, Zaandam.*

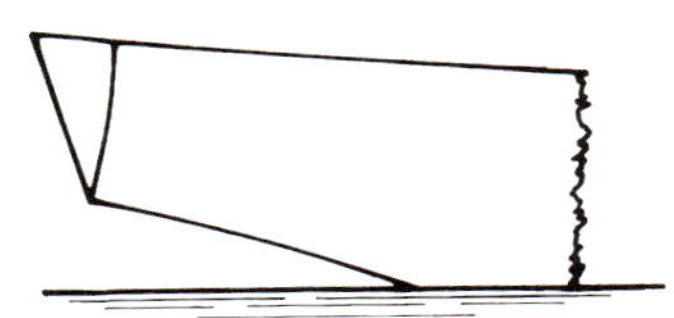

*Das charakteristische Heck der Yawl Artica II zeigt deutlich den Einfluß der Ausgleichsformeln, hier des RORC, auf den Entwurf von Booten.*

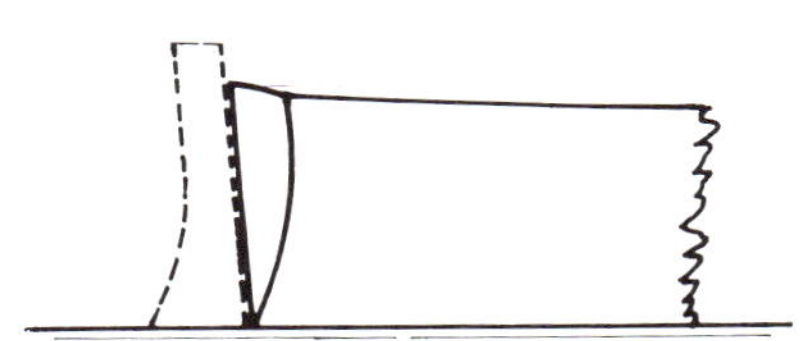

*Die Sorella von 1858 hat ein traditionelles Spiegelheck mit angehängtem Ruder.*

*Die* Esterel *hat ein fein geformtes Heck mit einem kleinen, sehr eleganten senkrechten Spiegel. Im Hintergrund überholt* Flica II.

Das elipsenförmige Heck stammt von den schnellen Klippern aus der zweiten Hälfte des 19. Jahrhunderts, die die Ozeane auf den Wegen des Gewürzhandels durchpflügten und die sich regelrechte Regatten lieferten, um als erste am Markt zu sein.
Für die nördlichen Meere hingegen ist das Spitzgattheck mit angehängtem Ruder »à la Colin Archer« charakteristischer. Diese Boote sind bei starkem Seegang besonders kursstabil. Das Kanuheck mit kleinem Überhang ist ebenso scharf wie der Bug.
Bei den kleinen Booten ist das volle Spiegelheck sehr verbreitet, es kann gerade sein oder nach hinten gebogen, es kann senkrecht, nach vorn oder nach hinten geneigt sein.

*Vɪᴍ, die berühmte 12-m-R-Yacht, 1939 bei Nevins Yacht Yard nach einem Entwurf von Olin Stephens erbaut.*

**Das Colin Archer-Heck**

In der zweiten Hälfte des 18. Jahrhunderts hatte der Schwede F.H. Chapman auf die fundamentale Bedeutung des Verhältnisses von Vergrößerung bzw. Verminderung des eingetauchten Rumpfvolumens im Verhältnis zur Länge des Rumpfes hingewiesen. Außerdem müssen die Rumpflinien nach der Theorie von Scott Russel dem Verlauf der Wellen folgen. Colin Archer vervollständigte diese Theorie und gab dem Heck eine Form, die der eines Kreisausschnittes nahekommt (Trochoide).
Er erklärte jedoch, daß es auch bei den besten Schiffen keinen (wirklichen) Fortschritt gegeben habe, bevor die Konstrukteure mit Hilfe der Wissenschaft die ideale Schiffsform definiert hätten. Zu dem Entwurf seiner berühmten Lotsen- und Rettungsboote hatten ihn die norwegischen Boote angeregt, die sich aus den Wikingerschiffen entwickelten. Auf ihn geht das Spitzgattheck, das sogenannte Colin Archer-Heck, im Yachtbau zurück.

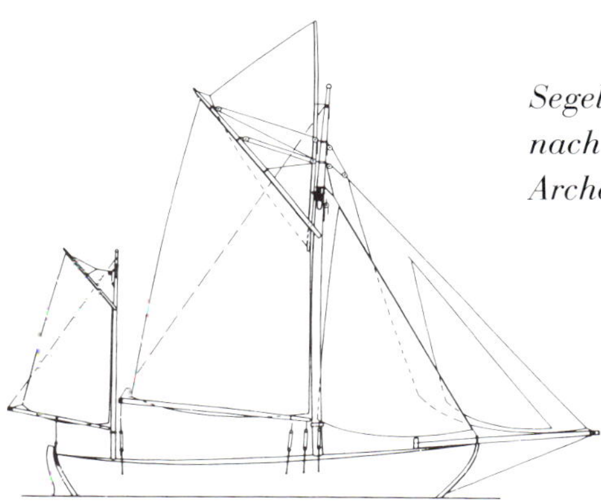

*Segelriß eines Rettungsbootes nach einem Entwurf von Colin Archer, 1901.*

*Ein schönes Beispiel für ein Colin Archer-Heck, hier das der Kᴏᴋᴀɴᴇᴇ, 1950 bei Moody & Sons, Swanwick Shore, nach einem Entwurf von Knud H. Reimers erbaut.*

ENDEAVOUR
NEWPORT

*Die Endeavour gilt als die schönste und berühmteste aller Yachten der J-Klasse. Mehr als 35 m lang, mit fast 800 m² Segelfläche, wurde sie 1934 bei Camper & Nicholsons für Sir Thomas Octave Morduch Sopwith erbaut. Im gleichen Jahr verlor sie gegen die Rainbow von Harold Vanderbild die Regatten um den America's Cup. Einer der Gründe für ihren knappen Verlust lag wahrscheinlich darin, daß hier eine Amateur-crew gegen Profis segelte.*

# Überhänge

Der achtere Überhang soll den Wasserfäden, die bei der Vorwärtsbewegung des Rumpfes am Bootskörper entlangfließen und sich hinter dem Heck wieder »zusammenschließen«, einen gleichmäßigen Abfluß geben, auch bei Krängung.

Ein Vergleich des Verhältnisses der Länge über alles zur Länge in der Wasserlinie bei drei America's Cup-Booten zeigt den Gang der Entwicklung bei den Überhängen:

Reliance (1903)
Lüa = 43,83 m
LWL = 27,37 m
Ranger (1937)
Lüa = 41,20 m
LWL = 26,51 m
Columbia (1958)
Lüa = 21,18 m
LWL = 13,86 m

*Die Crew springt nach einem Sieg vom überhängenden Heck der 12-m-R-Yacht Vim, erbaut 1939, ins Wasser.*

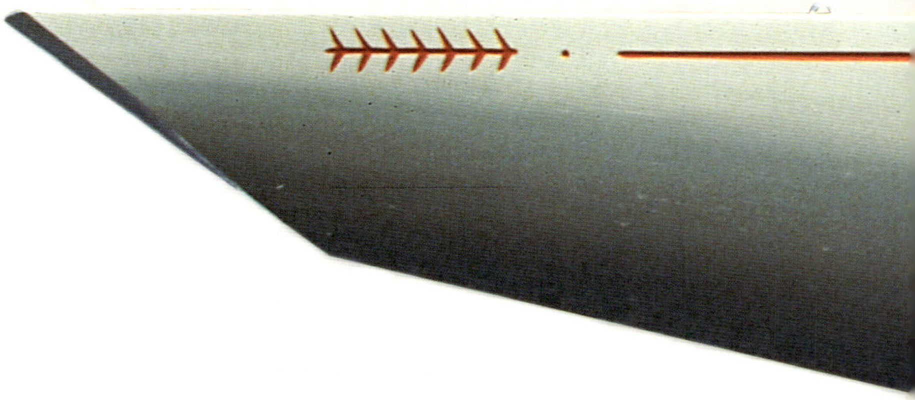

*Der bemerkenswerte Überhang des Hecks der 12-m-R-Yacht Nyala, 1938 bei Henry B. Nevins in New York erbaut. Wie die Vim stammt auch dieses Boot aus der Feder des »Zauberers« Olin Stephens.*

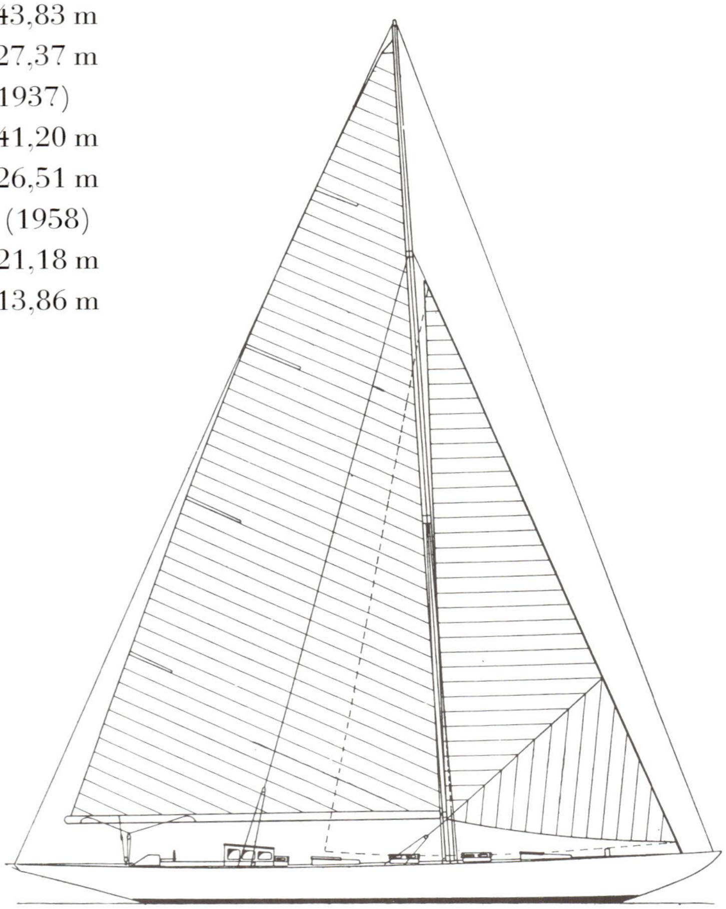

*Segelriß eines 12-m-R-Bootes. Die erste Yacht dieser Klasse, die den America's Cup 1958 gewann, war die Columbia.*

Die bei Segelyachten gebräuchlichste Hinterschiffsform ist das »runde« Heck, ein Heck, welches über den Rudersteven hinausragt und einen Überhang bildet, durch den die Länge über alles größer wird als die Länge in der Wasserlinie. Zu Beginn unseres Jahrhunderts war dieser Unterschied enorm; er konnte bis zu 40 Prozent der Länge über alles betragen, etwa bei der J-Klasse. Im Laufe der Jahre wurden die Überhänge vorn und achtern immer kleiner und schließlich zu regelrechten »Spoilern« am hinteren Ende der Regatta-Yachten oder zu Badeplattformen auf den Fahrtenyachten.

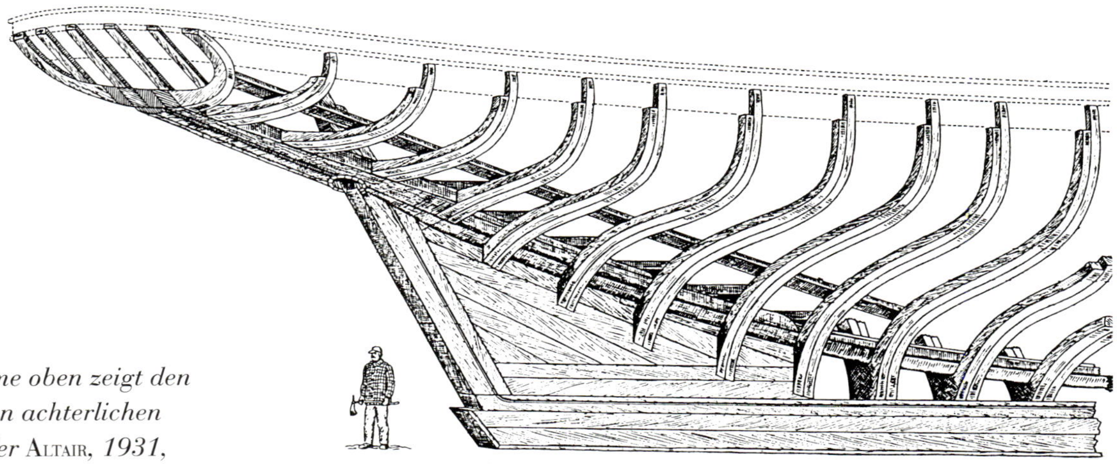

*Auf der Zeichnung die tragenden Verbände des überhängenden Hecks der Bluenose, des berühmten amerikanischen Fischerei-Schoners, der am 26. April 1921 in Lunenberg vom Stapel lief. Sie ist wahrscheinlich der bekannteste Schoner der Welt, hat sie doch gut 25mal hintereinander die »Herald North Atlantic Fisherman's International Competition« gewonnen, eine echte Meisterschaft auf dem Atlantik. Sie sank 1946 nach einer Grundberührung vor Haiti. 1963 ging auf der gleichen Werft die Bluenose II vom Stapel, ein genauer Nachbau der ersten.*

*Die Aufnahme oben zeigt den ausgeprägten achterlichen Überhang der Altair, 1931, ein Entwurf von W. Fife.*

*Das elipsenförmige Heck der Moya, ein Gaffelkutter von 1910, der aus den Fischerbooten der Morecambe Bay entwickelt wurde.*

*Rechte Seite: Die klassischen Hinterschiffslinien der Emilia, ein 1930 bei Attilio Costaguta in Genua erbauter Schoner.*

EMILIA
Y.C.I.

*Der elegante Überhang des Hinterschiffs der J-Klasse-Yacht* Astra *von 1929. Diese Klasse, »Königin« des America's Cup von 1930–1937, erreichte ihren Höhepunkt mit der »letztgeborenen«, der* Ranger, *die am 11. Mai 1937 vom Stapel lief. Danach wich die J-Klasse den günstigeren 12-m-R-Booten.*

*Rechte Seite: Die unverwechselbaren Linien der 30er Jahre – ein Gillungsheck mit deutlichem Überhang.*

Tomahawk, *ein 12-m-R-Boot von 1939 am Wind. Deutlich zu erkennen: der durch die Vorwärtsbewegung des Bootes erzeugte Wellenzug.*

**Die kritische Geschwindigkeit**

Die Zeichnung stellt die von einem Schiffsrumpf gebildete Wellenform dar, und die Geschwindigkeit ist von der Amplitude der Welle, mithin von der Länge in der Wasserlinie des Rumpfes, abhängig. Colin Archer hat den Satz aufgestellt, daß »das von einem Schiff verdrängte Wasser der Bewegung des Schiffes folgt (...). Daher sollte das Vorschiff in Länge und Form der mitlaufenden Welle, die sich mit der gleichen Geschwindigkeit bewegt wie das Schiff, entsprechen, mithin einer Sinussoide, und das Hinterschiff der Länge und der Form der Vorderseite einer oszillierenden oder trochoidalen Welle«. Ein Verdränger, der nicht gleitet, erreicht eine Höchstgeschwindigkeit, die in Knoten gleich der Länge in der Wasserlinie in Fuß x 1,4 ist. Der Rumpf kommt zum Gleiten, wenn es dem Vorschiff gelingt, auf seiner Bugwelle zu »reiten«, also aus der von ihm erzeugten Welle auszubrechen.

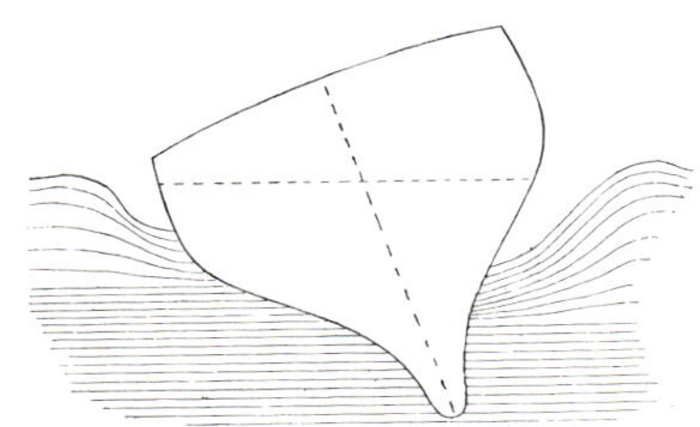

ALTAIR
RTYC

# Flaggen

Auf Yachten werden gewöhnlich die rechteckigen Nationalflaggen und der dreieckige Clubstander gesetzt.

Unterwegs sollte die Flagge in Landnähe, wenn Kriegsschiffe in der Nähe sind, beim Passieren eines Leuchtturms oder bei der Begegnung mit anderen Schiffen, die ihre Flagge führen, gesetzt werden. Im Hafen wird die Flagge um 08.00 Uhr gesetzt und bei Sonnenuntergang niedergeholt. In Fahrt und beim Ein- und Auslaufen wird die Flagge am Flaggenstock achtern, am Ende der Gaffel des achtersten Mastes oder im Topp des am weitesten hinten stehenden Mastes gefahren.

Dann gibt es noch die Gastflagge, die an der Steuerbord-Seite des am weitesten vorne stehenden Mastes gesetzt wird. Es ist die Nationalflagge des Landes, in dessen Hoheitsgewässern das Boot segelt.

Der Clubstander wird im Topp des Großmastes gefahren, er darf nicht mit anderen Flaggen zusammen gesetzt werden und wird nur bei Regatten niedergeholt, wenn die Rennflagge am Achterstag gesetzt ist. An dieser Stelle wird auch die Protestflagge gesetzt.

*Beim Flaggen über die Toppen, auch »Flaggengala« genannt, wird in den Toppen die Nationalflagge gesetzt und von vorn nach achtern über den Masttoppen die aufgereihten Signalflaggen.*

*Die Flaggen, Wimpel und Stander des internationalen Signalbuches. Auf einigen alten Booten sind sie auf elegante Messingschilder geprägt und an gut sichtbarer Stelle angebracht.*

*Stander der italienischen Gesellschaft klassischer Yachten. Der Clubstander ist das Abzeichen des Clubs, bei dem ein Boot eingetragen oder dessen Mitglied der Eigner ist; er wird im Topp des Großmastes gesetzt oder, wenn das Boot keinen Mast hat, z.B. ein Motorboot, vorn an einem dafür bestimmten Flaggenstock.*

*Der Schoner* EMILIA. *Mit einer riesengroßen Flagge an einem klassischen hölzernen Flaggenstock, die bei Regatten eingeholt werden muß.*

*Folgende Doppelseite:*
*Die 12-m-R-Yacht* CINTRA *von 1909 in der Regatta, also ohne Nationalflagge am Heck.*

ROMA 8337 D

CINTRA

# Verzierungen

Das Heck ist jeher der »vornehme« Teil eines Schiffes und war schon im Altertum mit allen möglichen Ornamenten verziert. Im Laufe der Zeit wurden daraus die eleganten Schriftzüge, mit denen der Bootsname, die Initialen des Segelclubs, zu dem das Boot gehört und der Heimathafen aufgetragen wird. Das läßt einen Schluß zu auf die Zeit, aus der das Boot stammt. Zu Beginn unseres Jahrhunderts waren die Beschriftungen und Verzierungen noch erheblich mehr ausgearbeitet als bei den Yachten unserer Tage, bei denen sie allmählich immer nüchterner geworden sind; nicht zuletzt auch, weil die Formen der Rümpfe immer geradere Linien zeigen als jene der ersten Nachkriegszeit.

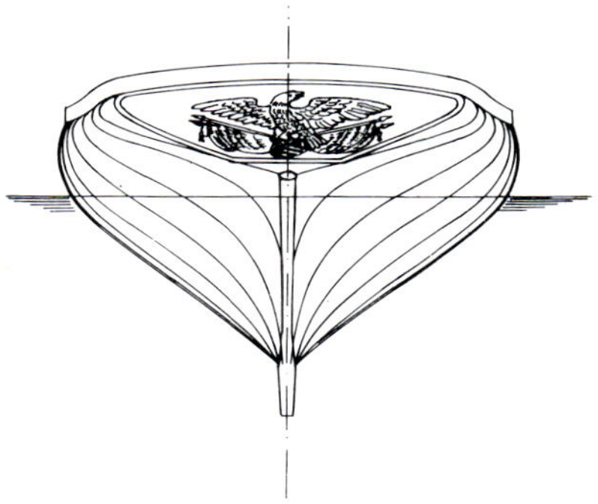

*Der außergewöhnlich reich verzierte Spiegel der berühmtesten Yacht der Welt, der America. Dieser Schoner von 100 Fuß (30,5 m) hat Yachtgeschichte geschrieben. Er wurde 1851 auf der Werft von William Brown nach einem Entwurf von George Steers in New York erbaut. Nach Überquerung des Atlantiks mit 7 Knoten Durchschnittsgeschwindigkeit kam sie nach England, um mit den britischen Yachten um die Wette zu segeln. Am 22. August fand auf dem Solent die berühmte Regatta um den »100-Guinea-Cup«, den späteren America's Cup, statt.*

*Die schöne vergoldete Zierleiste, die in einem Blattornament endet. Sie betont den feinen Überhang der Ketsch Tirrenia II.*

*Rechte Seite: Der Schoner Ashanti IV of Vegesack; der Schiffsname steht mit aufgesetzten, traditionell gestalteten Messingbuchstaben auf dem Spiegel.*

116

# Takelungen

## Der Kutter
## Die Slup
## Die Yawl
## Die Ketsch
## Der Schoner
## Die Segel

Die Sprache der Seeleute ist es, die den Neuling – das Greenhorn – ganz besonders verunsichert. Er hört Worte wie Slup, Ketsch, Kutter oder Yawl und weiß vielleicht, daß der kleinste gemeinsame Nenner dieser Begriffe darin besteht, daß es sich dabei um Schiffe handelt, die den Wind als Antriebskraft benutzen. Was sich ändert, ist die Art des Riggs, nämlich die Anzahl der Masten, die Stelle, an der sie stehen und die Segelfläche, die in ihrer Gesamtheit zwar eine erste Identifikation eines Segelschiffes erlaubt, aber noch nicht seine Zuordnung zu einer Klasse. Segel waren ursprünglich nur zum Segeln mit dem Wind geeignet, bis dann das Rahsegel Schritt für Schritt dem Lateinersegel und dem Schratsegel wich, bis hin zum modernen Rigg, mit dem man eine Höhe am Wind segeln kann, wie sie vor wenigen Jahrzehnten noch unvorstellbar gewesen wäre.

Durch die Unterteilung der Segelfläche auf mehrere Masten und Segel wurde die Handhabung leichter; man schätzt, daß eine Segelfläche bis zu 35 $m^2$ noch von einem Mann bedient werden kann. Die Vorsegel, das sind die vor dem am weitesten vorn stehenden Mast, sind Segel mit »Schnittkante«, d.h. sie sind in Schiffslängsrichtung angeordnet und nicht quer zum Schiff wie z.B. die Rahsegel.

Die in diesem Buch gezeigten Yachten lassen sich in zwei große Kategorien einteilen – die mit einem und die mit zwei oder mehr Masten, ebenso auch nach dem Segelriß: diejenigen, bei denen der Kopf des Segels bis zum Masttopp reicht, die Bermuda- oder Marconitakelung, auch Hochtakelung, und die Takelagen mit Gaffel- und Gaffeltoppsegel.

Diese Art von Segeln wird im Englischen »fore and aft sails« genannt, weil die Segelfläche in Längsrichtung des Schiffes steht; bei diesen Segeln muß der Seemann nicht nach oben ins »Gehölz«, wie auf den großen Rahschiffen.

*Linke Seite: Die* PURITAN *von 1931. Im Vordergrund die Stagfock, der Klüver und der Außenklüver.*

*AVEL unter vollen Segeln. Beim Kutterrigg lassen sich sehr viele verschiedene Segel setzen, daher gilt es als besonders geeignet für Fahrtenboote.*

# Der Kutter

Dieses Rigg findet man zuerst auf englischen und niederländischen Küsten- und Fischereifahrzeugen. Es bezeichnet ein leichtes und tief gebautes einmastiges Schiff mit Groß- und Toppsegel, dazu einem Bugspriet mit Fock, Klüver und Außenklüver. Der Mast steht weiter hinten als bei einer konventionellen Slup. Die modernen Kutter sind hochgetakelt – der Kopf des Großsegels am Masttopp –, und wenn das Boot keinen Bugspriet hat, werden als Vorsegel eine bis zur Saling reichende Fock und ein Klüver bis zum Masttopp gesetzt. So läßt sich die Segelfläche den Wetterbedingungen gut anpassen; bekannt waren die Lotsenkutter aus Bristol und Le Havre, die bei jedem Wetter in den Kanal ausliefen.

*Gaffelkutter* Sorella, *ein kleines Arbeitsboot, das 1858 bei Dan Hatcher in Southampton erbaut wurde. Sie ist wahrscheinlich das älteste Segelfahrzeug, das heute noch auf dem Mittelmeer segelt.*

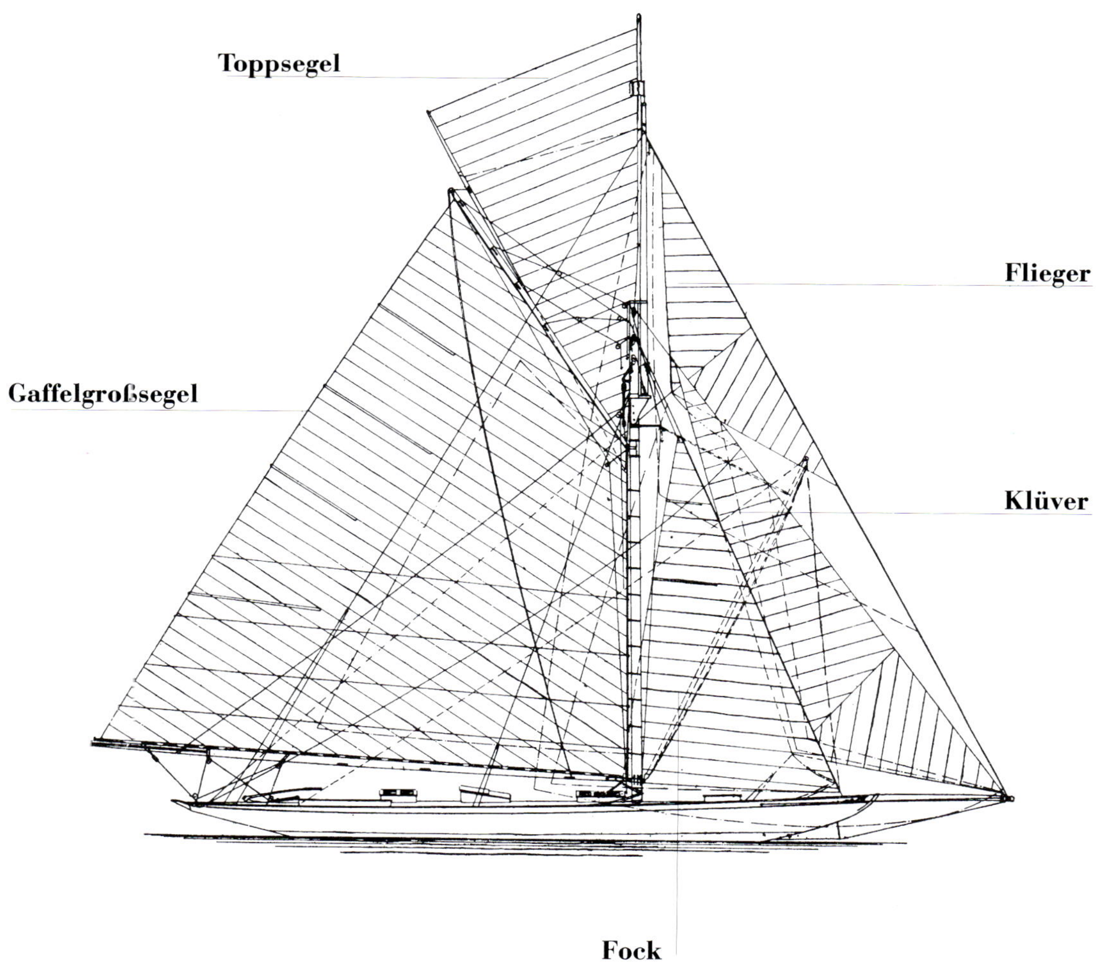


*Segelriß eines Gaffelkutters; die Engländer nennen ihn nach der Gaffel »gaff cutter«.*

# Die Slup

Was bei den Engländern der Kutter, war auf der anderen Seite des Atlantiks die Slup. Sie war bei den Amerikanern ein beliebter einmastiger Segler; die Slups von Jamaika und von den Bermudainseln waren für ihre Schnelligkeit bekannt.

Die klassische Arbeitsslup der Bucht von New York mit Senkschwert war ein schnelles und seetüchtiges Boot. Es wandelte sich allmählich in ein Regattaboot, es war breit, hatte wenig Tiefgang und an dem ziemlich weit hinten stehenden Großmast ein Großsegel mit Toppsegel und gewöhnlich nur eine große Fock.

Heute versteht man unter einer Slup eine einmastige Yacht mit Bermuda-Großsegel, auch sie mit einem großen Vorsegel.

*Rechte Seite: Kutter und Slup. Die 12-m-R-Yacht* Vim *von 1939 als Slup mit einem Vorsegel und die J-Klasse-Yacht* Candida, *1929, als Kutter getakelt mit Fock, Klüver und Flieger.*

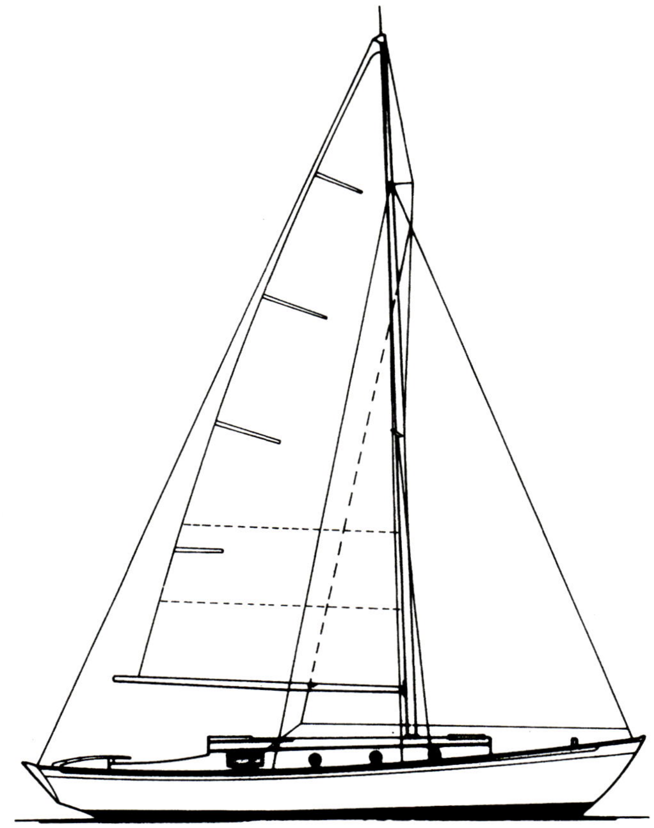

*Segelriß einer Bermuda-Slup.*

Trivia, *ein 12-m-R-Boot mit dem klassischen Rigg der Bermuda-Slup.*
*Auf den meisten Slups steht der Mast auf etwa zwei Fünfteln der Länge der Wasserlinie von vorn.*

12
US·15
US·15
J
K8

*Segelriß einer gaffelgetakelten Yawl vom Beginn unseres Jahrhunderts. Unten: Arbeiten auf dem Bugspriet der* ORION.

EUGENIA V *unter Segeln mit Spinnaker und Besanstagsegel, das vor dem Besanmast gesetzte Segel. Das Schiff hat die Baunummer 165 der Werft Sangermani. Es wurde 1969 nach einem Entwurf von Phil Rhodes erbaut.*

# Die Yawl

Das Yawlrigg war auf Yachten der 1960er Jahre von mehr als 14 m Länge sehr verbreitet. Die Segelfläche läßt sich leicht unterteilen und den Verhältnissen anpassen. So kann man bei schlechtem Wetter auf einer Yawl das Großsegel bergen, und das Boot segelt dann unter Besan und Fock noch immer gut ausgeglichen.

Der Großmast steht etwas vor der Schiffsmitte, der sehr viel kleinere Besan- oder Treibermast hinter dem Ruder, oder genauer, dem Ruderkoker.

Der Großmast führt entweder ein Gaffel- und Toppsegel oder ein Dreieckssegel, das Besan- oder Treibersegel ist ebenfalls ein Gaffel- oder Bermudasegel. Vorne natürlich die üblichen Vorsegel. Charakteristisch für die Yawl ist das Besanstagsegel, ein fliegend gefahrenes Dreieckssegel, das am Vorstag des Besanmastes gesetzt wird. Das Vorstag verläuft vom Topp des Besanmastes zum Fuß des Großmastes.

In Folge einer Lücke bei den Vermessungsregeln wurde dieses Segel nicht in die Berechnung der Segelfläche einbezogen; ein Grund dafür, daß das Yawlrigg häufig auf Regattabooten zu finden war.

*Segelriß einer hochgetakelten Yawl.*

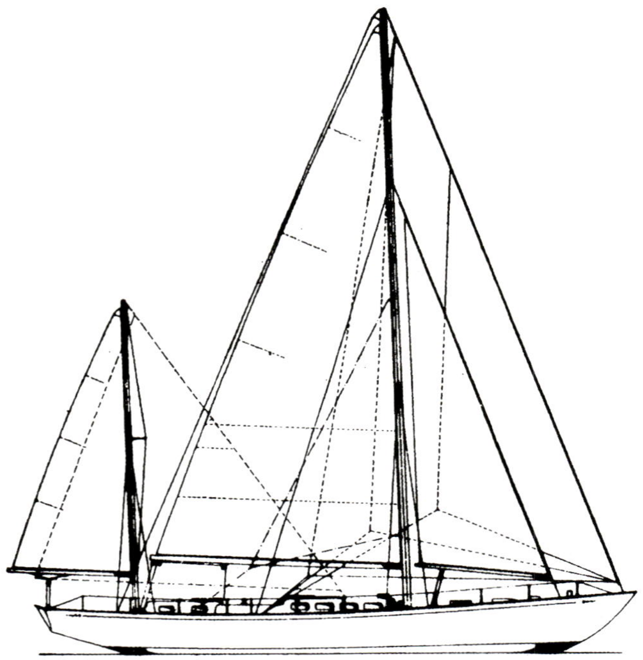

Finisterre, *ein sehr erfolgreicher Entwurf von Olin Stephens aus dem Jahre 1953.*

# Die Ketsch

Das Ketschrigg ist dem der Yawl ähnlich, doch steht der Besanmast, der größer ist als der der Yawl, vor dem Ruder bzw. Ruderkoker. Natürlich geht es bei dieser Definition um die Lage der Steuereinrichtung im Wasser und nicht um jene des Ruderrades, das mit seinen Übertragungen an ganz verschiedenen Stellen angebracht sein kann.
Wie bei der Yawl ist man auch bei der Ketsch vom traditionellen Rigg mit Gaffel- und Toppsegel zum Dreieckssegel übergegangen.
Die Vorsegel sind bei der Ketsch wie bei den anderen Typen – Kutter, Slup, Yawl – unterteilt in Fock und Klüver, oder es wird nur ein Vorsegel gefahren.

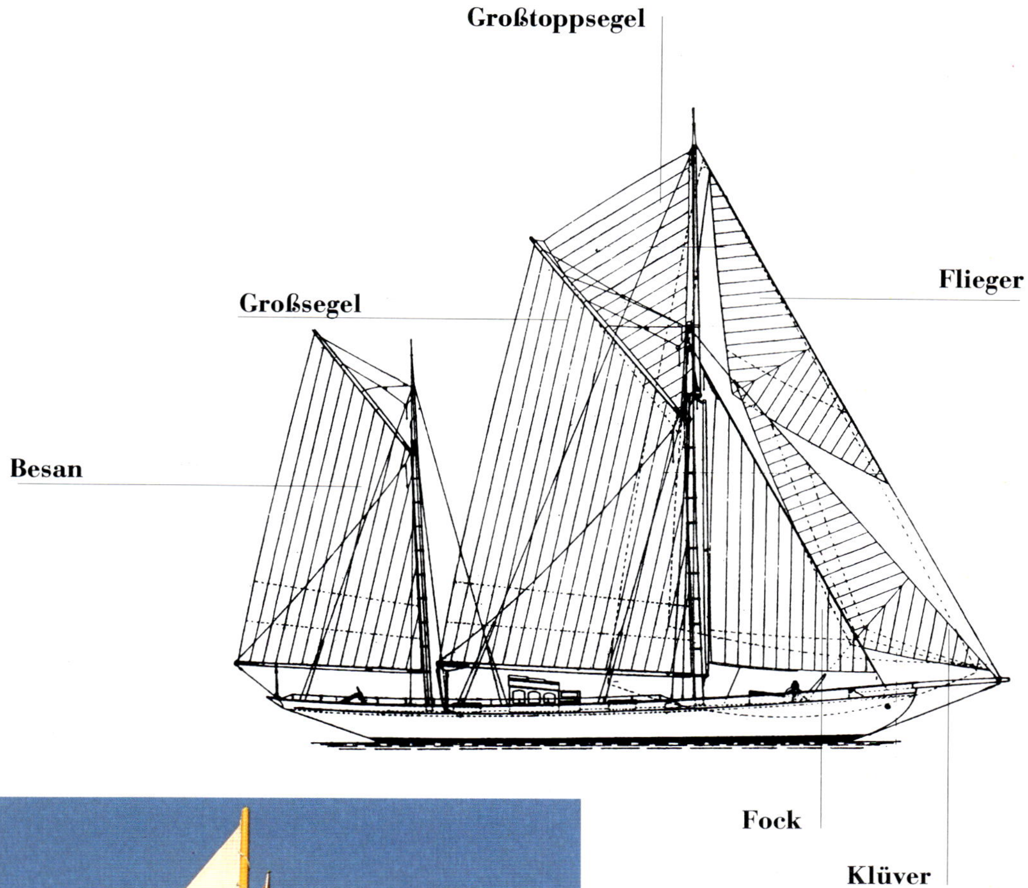

*Detail des Gaffelriggs der* Tirrenia II. *Im Vordergrund die Saling, das Vierkant-Toppsegel mit den kurzen Rahen am Ober- und Unterliek.*

*Rechte Seite: Die Gaffelketsch* Tirrenia II, *erbaut 1913. Die Segelfläche ist in sechs Segel unterteilt, also gut zu handhaben.*

*Puritan, ein 1931 in New London bei der Electric Boat Company erbauter Gaffelschoner.*

*Segelriß eines Gaffelschoners.*

# Der Schoner

Puritan, *ein amerikanischer Gaffelschoner von 1931; ein Entwurf von John Alden.*

Schoneryachten waren am Ende des 19. und zu Beginn des 20. Jahrhunderts sehr verbreitet. Berühmte Schoneryachten in Deutschland etwa waren die verschiedenen Schoner des deutschen Kaisers mit Namen Meteor oder die Iduna, die Yacht der Kaiserin, aber auch die Hamburg des Hamburgischen Vereins Seefahrt, sämtlich 2-Mast-Gaffelschoner. Es gab auch 3-Mast-Schoner-Yachten, wie die jetzt unter deutscher Flagge fahrende Amphitrite vom Ende des 19. Jahrhunderts.

Als Handelsschiff war der Schoner meist ein kleiner Küstenfrachter, oft mit einer Kombination von Rah- und Gaffelrigg: Rahsegel am Fock- und Gaffelsegel am Großmast – die Schonerbrigg – oder als Stagsegelschoner mit Gaffeltakelung am Fockmast, der oben ein oder zwei Rahsegel trägt. Neben den Frachtschonern waren die schnellen und besonders seetüchtigen Lotsenschoner vor den Nordseehäfen berühmt und bekannt sowie die Bankschoner von Halifax, wie die Bluenose.

Neue Schoneryachten führen oft an Stelle der Gaffeltakelung ein Bermudarigg; manche fahren zwischen den Masten an Stelle des Schonersegels Stag- oder Spreizgaffelsegel.

*Die* Croce del Sud *unter Segeln, ein 3-Mast-Gaffelschoner, 1933 erbaut.*

*Rechte Seite:* Orion, *ein Stagsegelschoner von 1910 mit halbem Wind, ein sehr starkes und schnelles Schiff.*

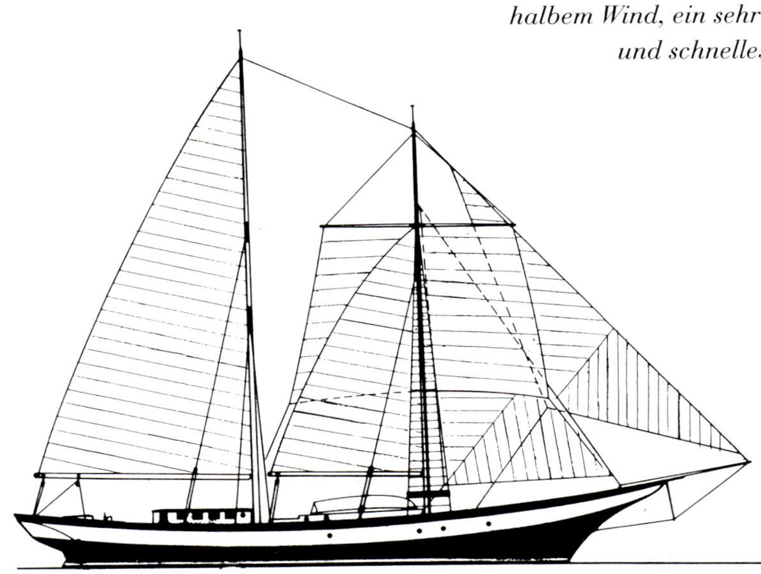

*Segelriß eines Toppsegelschoners.*

# Die Segel

Die Segel bestehen aus mehreren Tuchbahnen, die je nach Art des Segels in unterschiedlicher Weise zusammengefügt werden. Gaffelsegel, Stagsegel und Klüver, die in der Schiffslängsrichtung stehen, heißen Schratsegel. Das Gaffelsegel ist ein trapezförmiges Viereck; das Vorliek ist die in eine Mastkeep eingeführte oder auf einer Mastschiene laufende Vorderseite des Segels; das Unterliek, die Unterseite, ist entweder längs des Baums in eine Nut eingeführt, längs einer Baumschiene gleitend oder längs des Baums ausgeholt.
Diese drei Seiten des Segels sind die gleichen wie beim Marconisegel. Das Oberliek des Gaffelsegels, auch Gaffelliek genannt, ist an die Gaffel angeschlagen.
Die Kanten des Segels – die Lieken – werden gesäumt, die unteren Ecken, das Schothorn und der Hals, sind zur Aufnahme der auf das Segel wirkenden Kräfte verstärkt.
Ein Kennzeichen eines Segels, nach dem man häufig auch ein Boot bestimmen kann, ist seine Streckung, das Verhältnis zwischen dem Quadrat seiner Höhe zu seiner Fläche. Ein niedriges und breites Segel hat eine geringe Streckung und ein großes Breitenverhältnis; umgekehrt ist es bei einem hohen schmalen Segel gleicher Fläche.

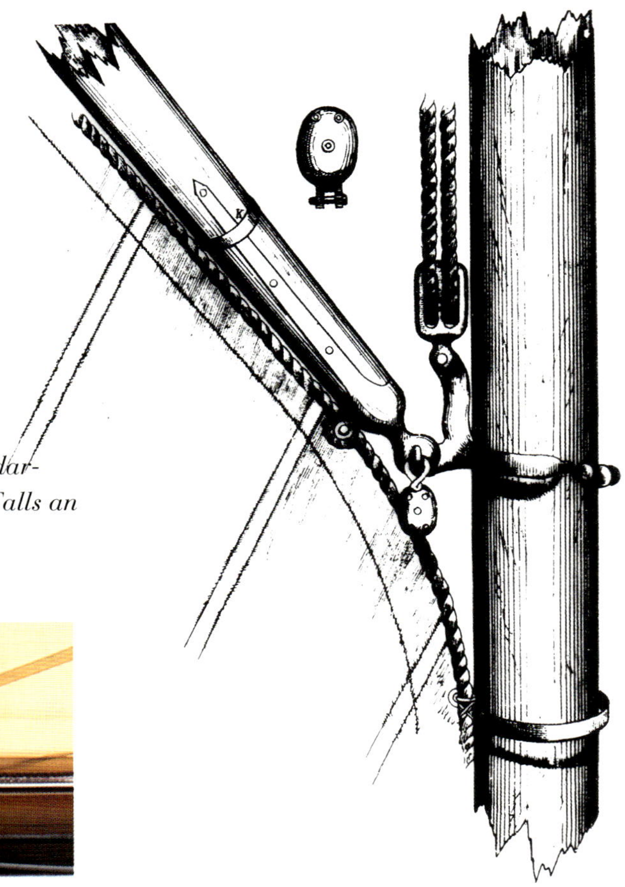

*Auf diesem alten Stich ist dargestellt, wie die Talje des Falls an der Gaffelklau angreift.*

*Die Diagonalbahnen des Großsegels der* Moonbeam, *eine Klassenyacht von 1903. Die Segel der klassischen Yachten, d.h. der zwischen 1950 und 1974 erbauten, haben gewöhnlich eine einigermaßen geringe Streckung. Erst in den 70er Jahren und danach setzte eine Tendenz zu immer größerer Streckung ein.*

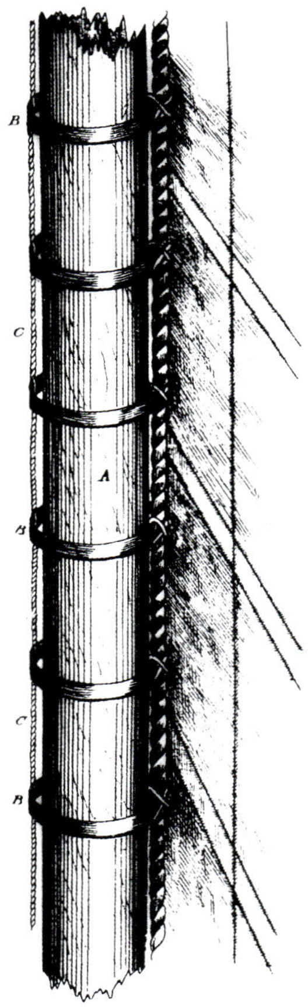


*Rechts eine Gaffelklau, darunter die hölzernen Mastringe eines niedergeholten Gaffelsegels.*

*Die Zeichnung zeigt, wie die Mastringe das Segel am Mast halten und es dabei am Mast auf- und niedergleiten lassen.*

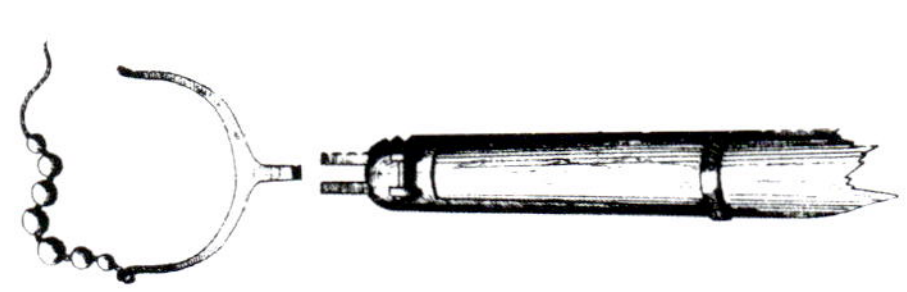

*Detail einer Gaffelklau mit der Korallenleine.*

*Das Fußliek eines Großsegels.*
*Die Zeichnung stellt dar, wie das Liektau mit doppeltem Faden und weiten Stichen an die Doppelung genäht wird.*

Zur Handhabung der Segel dient das »laufende Gut«, das je nach Verwendung unterschiedliche Bezeichnungen hat. Mit den Fallen werden die Segel geheißt und mit den Niederholern heruntergenommen. Mit den Schoten werden sie eingestellt: man fiert oder schrickt sie, man holt sie dicht und trimmt sie. Mit dem Hals werden Rahsegel gegen den Zug der Schoten nach vorn geholt.

Die Bulinen holen das Vorliek der Rahsegel am Wind steif. Die Baumdirk hält den Baum, wenn das Segel nicht gesetzt ist; beim Spinnakerbaum nennt man sie Aufholer, und die Enden der Rah werden von den Toppnanten gehalten.
Mit den Geerden, die am oberen Gaffelende angreifen, wird die Gaffel kontrolliert.

*Die Segel der* Moonbeam *haben die traditionelle Farbe der ägyptischen Baumwolle, die zu Beginn unseres Jahrhunderts viel verwendet wurde.*

*Arbeiten an den Vorsegeln der* Puritan*: der Fock, dem Klüver und dem Außenklüver.*

*Das Vorsegeldreieck der* Tirrenia II *mit der Fock, dem Klüver und dem Flieger.*

*Nahaufnahme der Befestigung der Saling am Mast auf einer klassischen Regattayacht. Zu beachten ist die Anbringung der Profilwanten aus Stahl und die Mastschiene aus Metall, auf der das Vorliek des Großsegels gleitet.*

# Masten

Die grundlegenden Anforderungen an einen Mast sind geringes Gewicht, Stärke und Elastizität, und die Suche nach dem besten Kompromiß hat gerade in den letzten Jahren bemerkenswerte technologische Fortschritte gebracht. Die Holzmasten der klassischen und der alten Yachten können Vollholzmasten sein, oder sie können aus mehreren Teilen zusammengeleimt werden; oft sind sie hohl.

Mit seinem unteren Ende, dem Mastfuß, steht der Mast in der Mastspur auf dem Kielschwein oder auf dem Deck bzw. Aufbau; er verjüngt sich nach oben hin und wird vorn durch das Vorstag und nach achtern durch das Achterstag gehalten. Nach den Seiten halten ihn die Wanten, die an Deck mit Spannschrauben, also einstellbar, befestigt sind. Die auf etwa der halben Höhe des Mastes angebrachten Salinge spreizen die Wanten nach außen und erhöhen so deren stützende Wirkung. Das Mastprofil kann rund oder oval sein.

*Rechte Seite: Sonnenuntergang hinter einem Wald von Masten klassischer Yachten in Saint-Tropez.*

# Der Mastfuß

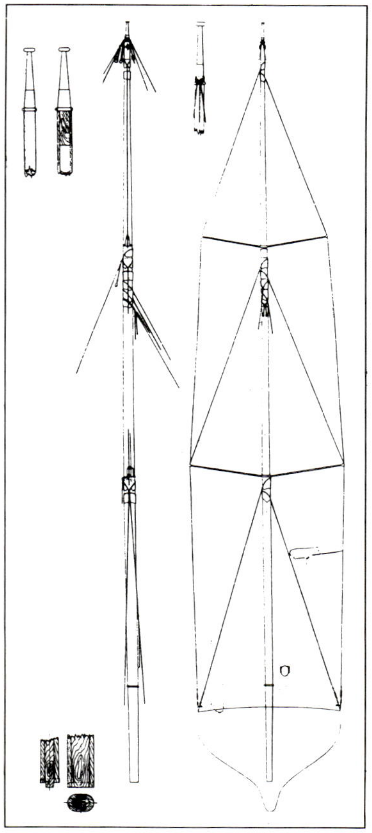

*Die Zeichnung von Uffa Fox zeigt den Aufbau des Großmastes mit zwei Salingpaaren des Schoners NIÑA von 1928. Sie zeigt auch in einigen Schritten den Verlauf des hohlen Mastes.*

*Mastfuß mit Nagelbank und Taljen.*

*Detailaufnahme eines Holzmastes mit niedergeholtem Großsegel. Die Mastringe umfassen den Mast, und die Gaffelklau hängt in der Heißtalje des Klaufalls.*

*Die Schiffsglocke des Schoners* Emilia, *die unter dem Großbaum angebracht ist.*

Der Mastfuß steht entweder an Deck, das an dieser Stelle genügend verstärkt sein muß, ober bei durchgehendem Steckmast auf dem Kiel. Dort, wo das vom Mast kommende laufende Gut für die Segelbedienung an Deck kommt, steht die Nagelbank, an deren Belegnägeln das Tauwerk belegt und aufgeschossen wird.

Zum laufenden Gut eines Gaffelsegels gehören das Piek- und das Klaufall, mit denen die Gaffel und das Segel geheißt werden, der Niederholer des Segels, die Baumdirken und die Gaffelgeerden.

Unten am Mast, mindestens einen Meter über Deck, können die Fallwinschen angebracht sein; man findet diese Anordnung häufig auf den klassischen Yachten der 60er Jahre.

*Nagelbank am Mastfuß. Die Leinen sind auf den Belegnägeln sauber aufgeschossen.*

*Der Bereich um den Mastfuß auf der 12-m-R-Yacht* Trivia, *mit den hölzernen Umlenkblöcken und den Fallwinschen. In der Zeichnung ist die Anbringung des Baumes am Mast dargestellt; auf dem Mastring die festen Belegnägel und der Spinnakerbaum.*

*Dieser ungewöhnlich lange Großbaum, der zur Ausnutzung des achterlichen Windes voll ausgefiert ist, gibt einen Eindruck davon, welche gewaltigen Ausmaße die Sportboote zwischen den beiden Weltkriegen erreichten.*

# Der Baum

Der Baum mit kreisförmigem, ovalem oder rechteckigem Querschnitt hat ein freies und ein mit einem Gelenkbolzen oder einer Klau mit Rack am unteren Teil des Mastes in geringer Höhe über Deck angebrachtes Ende.

Längs des Baumes wird das Unterliek des Segels ausgeholt, und mit dem Baum wird das Segel um den Mast geschwenkt; bei achterlichem Wind ragt das Baumende weit über den Rumpf hinaus und wird dabei gegen unbeabsichtigtes Übergehen (Patenthalse) von der Bullentalje gehalten.

Die Höhe des freien Baumendes wird mit einer oder zwei Dirken reguliert; der Baumniederholer verbessert die Form des Segels auf raumen Gängen.

Bis in die ersten Jahre unseres Jahrhunderts wurden Bäume mit »Drehreff« zum waagerechten Einrollen des Segels gebaut. Es gibt sie noch auf einigen klassischen Fahrtenyachten; später dann traten die modernen Rollreffanlagen an ihre Stelle.

*Einzelaufnahmen auf der J-Klasse-Yacht Candida, ex Norlanda, 1929 bei Camper & Nicholsons erbaut.*

*Oben die Baumstütze der Candida. Unten der Baumendbeschlag mit Namenszug.*

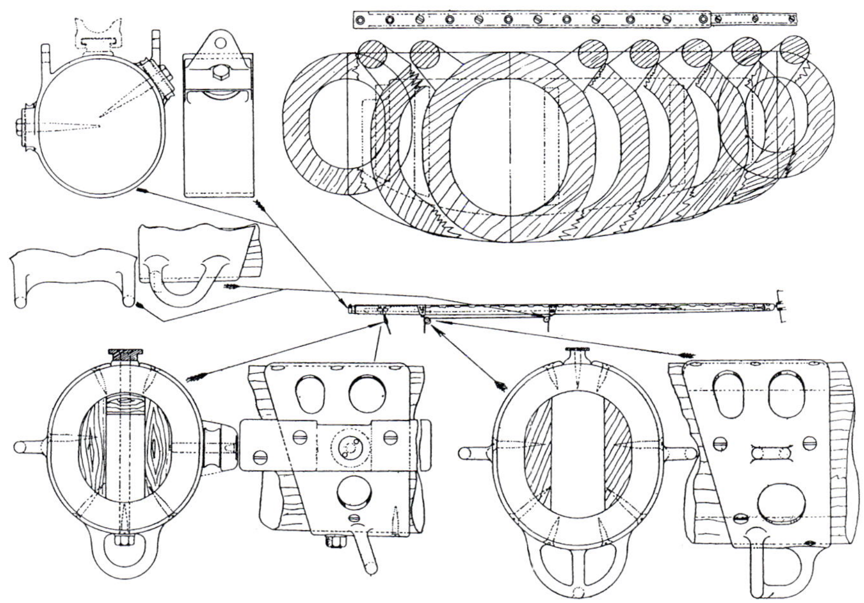

*Verschiedene Beschläge am Großbaum der Yawl Helgoland, die in den 30er Jahren erbaut wurde, nach einer Zeichnung von Uffa Fox.*

*Oben links der hintere Teil des Baumes mit Umlenkrollen für den Unterliekstrecker, die Taljen des Achterholers bzw. der Schoten und für die Dirk.*

Eine bemerkenswerte ästhetische Besonderheit ist der dekorative Baumendbeschlag auf vielen der bekannten klassischen Yachten.
Manchmal sind es elegante Ätzungen auf Stahl, oft auch regelrechte Bronzegüsse mit dem Namen der Yacht und dem Baujahr. Die bekanntesten Werften fertigten eigene, oft sorgfältig ausgearbeitete Gußstücke mit dem Firmenzeichen.

*Das Gußstück am Ende des Großbaums der* Mariette *mit dem Baujahr 1915 und dem Firmenzeichen der Werft Spencer Thetis.*

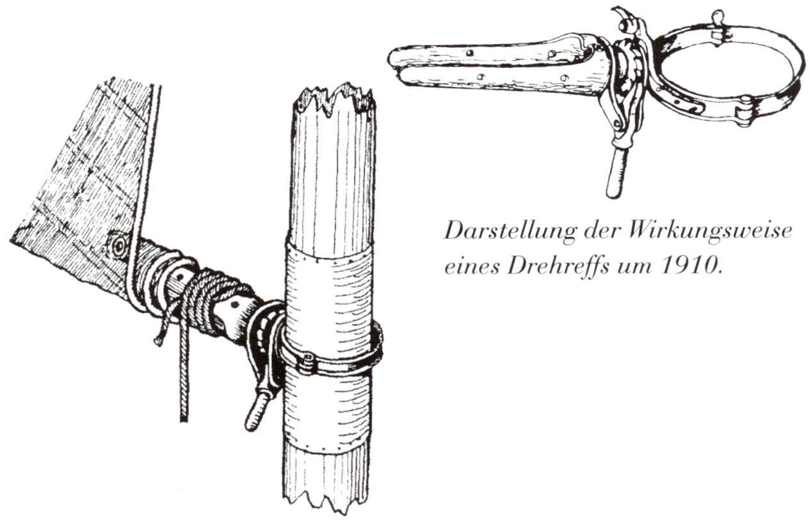

*Darstellung der Wirkungsweise eines Drehreffs um 1910.*

*Dekorative Kappe am Ende des Großbaums der* Orion*, erbaut 1910.*

*Dekorative Endplatte am Großbaum der* Amadeus*, 1960 in Vernazzola bei Beltrami erbaut.*

*Die schöne gegossene Firmenmarke »Ian Proctor Metal Masts Ltd.« aus Southampton, ein schöner Abschluß aller seiner Arbeiten.*

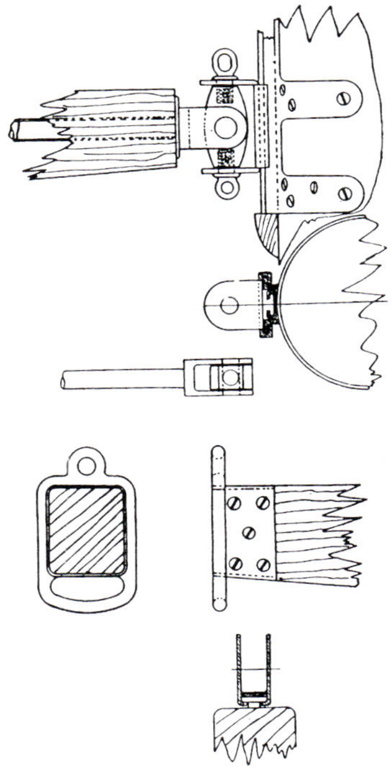

*Die Zeichnungen von 1937 stellen den Lümmelbeschlag eines Großbaums und den Endbeschlag mit den Augen für die Schot und die Dirk dar.*

*Rechts: Ein schönes Beispiel für die berühmten Gußstücke der Werft Sangermani; hier ein Einzelstück – der Baumbeschlag mit Schotring und Endplatte.* Emi *ist eine Slup von etwa 27 m Länge.*

*Folgende Doppelseite: Der 3-Mast-Schoner* Creole *mit drei Baumstagsegeln.*

*Eine ovale Stagjungfer mit Spleiß und Plattbändsel.*

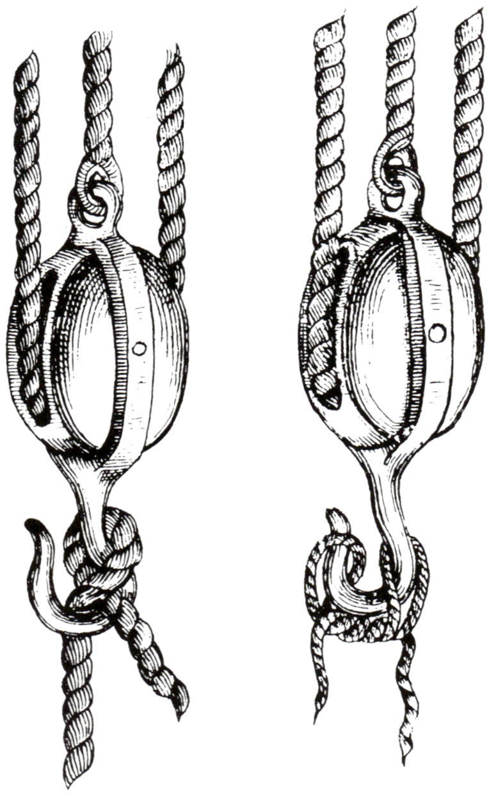

*Einfacher und doppelter Hakenschlag zum Anschlagen von Lasten an einer Talje.*

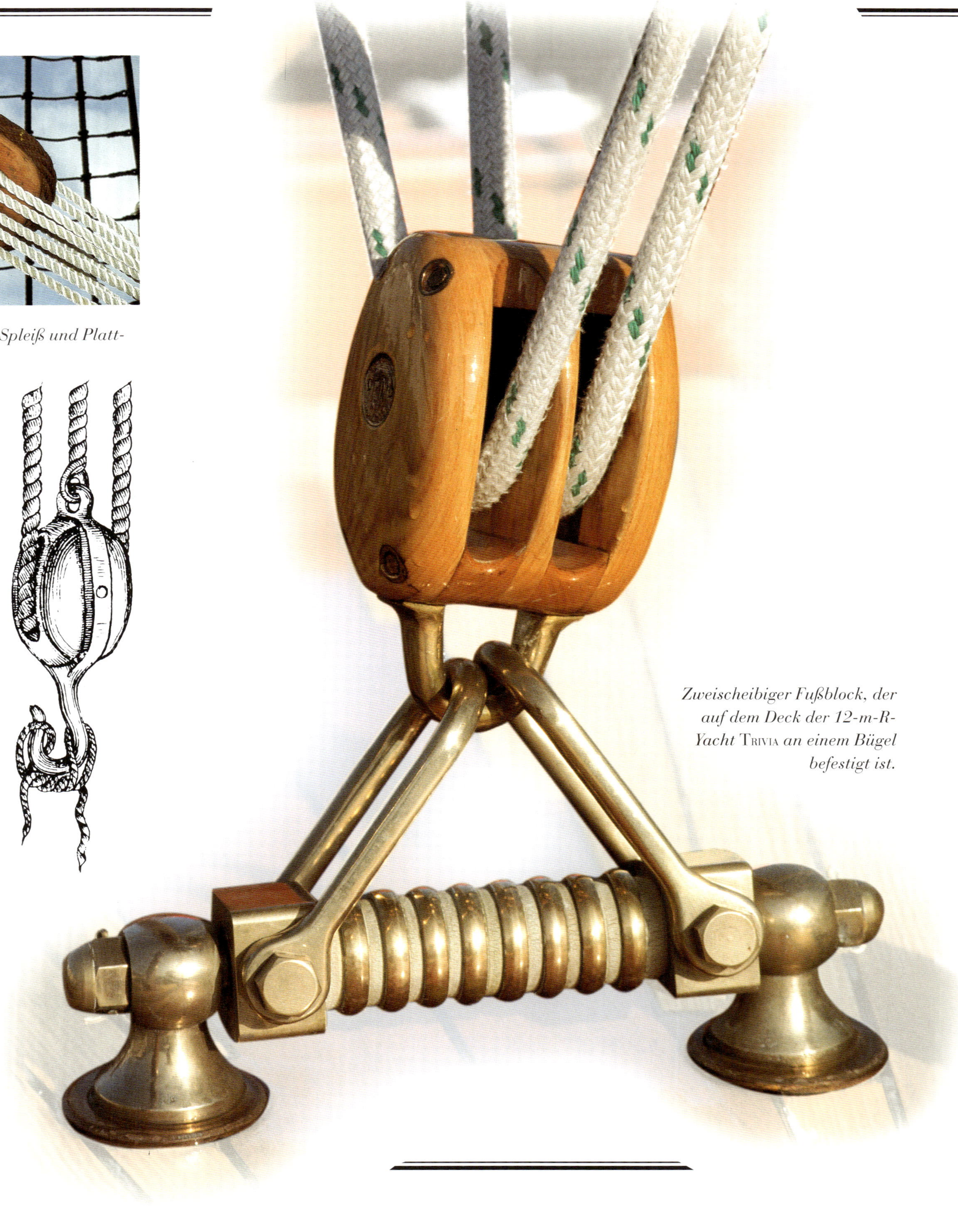

*Zweischeibiger Fußblock, der auf dem Deck der 12-m-R-Yacht* Trivia *an einem Bügel befestigt ist.*

# Blöcke

Blöcke sind Führungsrollen für Tauwerk; in Verbindung mit dem Taljenläufer werden sie zu Taljen zur Kraftersparnis zusammengestellt. Man benutzt sie zum Heben von Lasten und zur Verminderung des Zuges z.B. an Schoten, Bäumen, Gaffeln und sonstigen Rundhölzern.

*Zweischeibiger Block.*

Blöcke sind aus zwei ovalen Backen aus Hartholz, Ulme oder Esche, und aus der auf dem Bolzen laufenden Scheibe mit Rillen zur Führung des Tauwerks zusammengesetzt. Das Gehäuse wird durch einen Tauwerksring oder eisernen Bügel mit einem Ring zum Anschlagen des Blocks zusammengehalten. Es gibt ein-, zwei- und dreischeibige Blöcke.

*Dreischeibiger Block.*

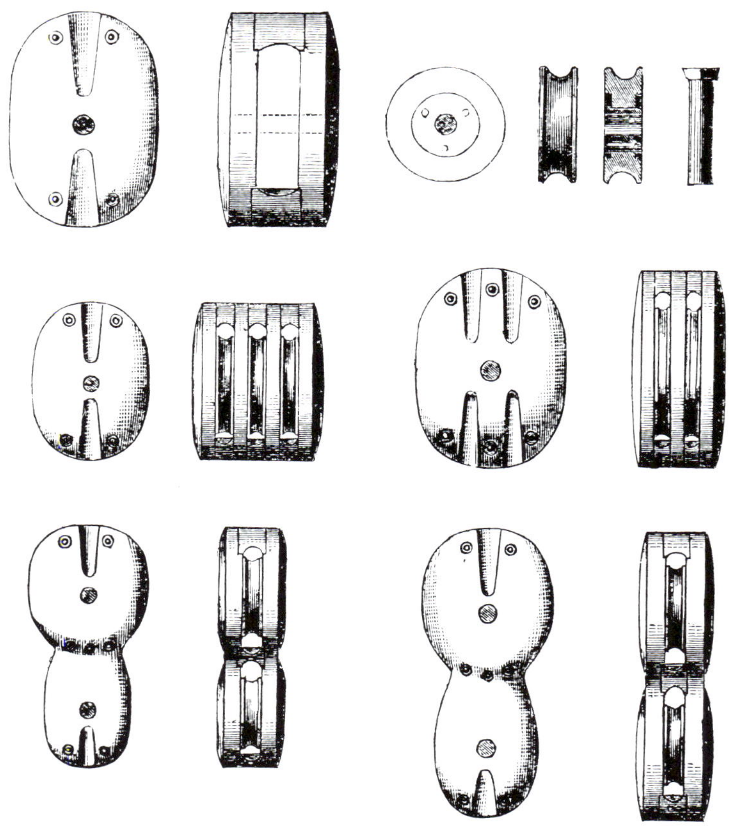

*Violinblock an Bord der Moya.*

*Verschiedene Blöcke; von oben: Einfacher, dreischeibiger und zweischeibiger Block, Violinblock. Die Einzelteile eines Blocks: das Gehäuse, die Scheibe und der Bolzen.*

Eine Talje ist ein Hebezeug, ein Flaschenzug. Sie besteht meist aus zwei Blöcken, einem festen und einem beweglichen, und dem Tauwerk, dem Läufer, der abwechselnd über die Scheiben der beiden Blöcke geschoren ist. Das eine Ende des Läufers, die stehende Part, ist an dem Stropp um einen der beiden Blöcke befestigt; das andere Ende, das die Last aufnimmt, ist die laufende Part.

Die Talje bewirkt eine Kraftersparnis. Die Größe der Kraftersparnis hängt von der Anzahl der Scheiben ab, die jedoch jeweils den Holeweg verlängern.

*Zweischeibiger Violinblock.*

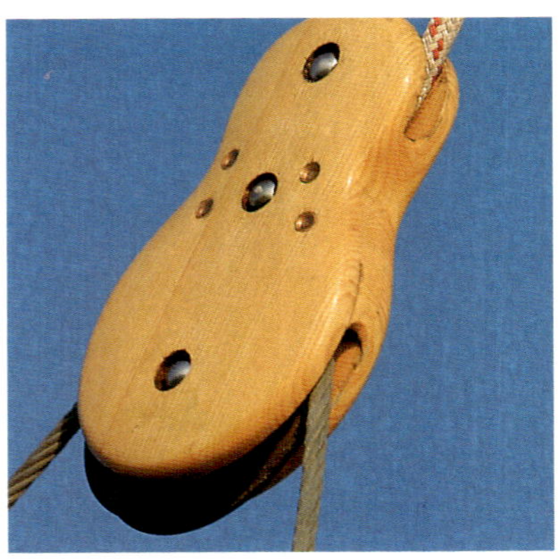

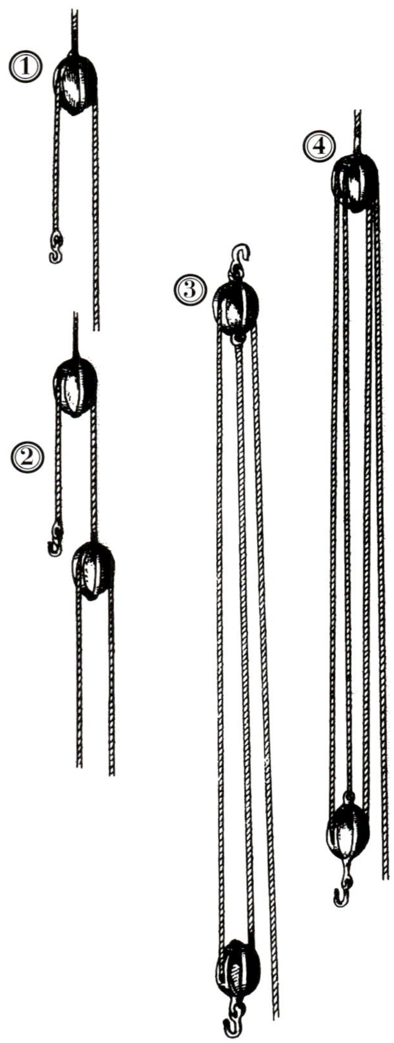


*Oben links: Salinge am Mast einer Ketsch.*

*Mitte: Die Führung des Piekfalls am Großmast.*

*Oben rechts: Das Toppsegel ist an der Stenge des Großmastes gesetzt, darunter die Gaffel; rechts die Köpfe der Vorsegel.*

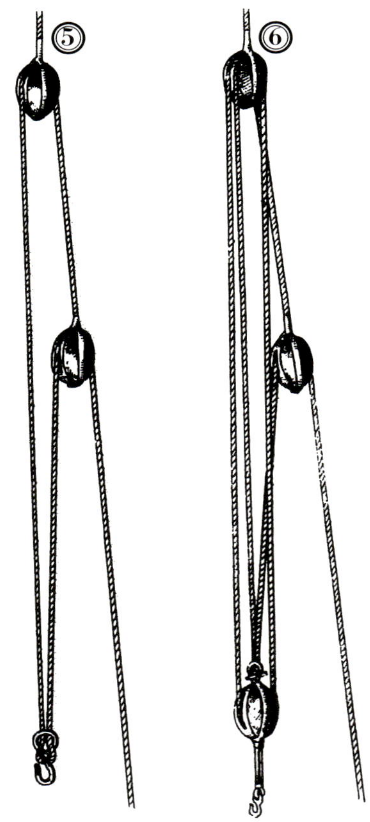


*Die Zeichnungen zeigen verschiedene Arten von Taljen:*
*① Einfaches Jolltau*
*② Jolltau auf Jolltau*
*③ Doppeltes Jolltau*
*④ Dritte Hand*
*⑤ Einfaches Ladetakel*
*⑥ Doppeltes Ladetakel*

*Holzblöcke tragen oft den Namen und das Zeichen des Herstellers auf den Metallbolzen, auf denen die Scheiben laufen.
Hier Beispiele von Blöcken der französischen Firma Nantaise De Poulies sowie der englischen Firmen Spencer, Colin Frake und Dragonfly Marine.*

# Tauwerk

Ist die Bezeichnung für die verschiedenen »Tampen« von mittlerem oder kleinem Durchmesser an Bord von Schiffen. Als »Trossen« bezeichnet man schweres, geschlagenes Tauwerk, wie Ankertrossen, Schlepp- und Stahltrossen. Der Seemann nennt ein Tau »Tampen« oder »Ende«; eigentlich ist der Tampen das Ende eines Taus.
Bekanntlich gibt es an Bord kein »Seil« oder »Kordeln«. Tauwerk ist aus pflanzlichen Fasern geschlagen wie Hanf, Manila, Sisal oder Kokosfaser, aus synthetischen Fasern wie Nylon, Dacron, Polyäthylen oder aus Stahl bzw. Nirostahl. Die Fasern werden zu Kabelgarn oder Litzen versponnen und zu Kardeelen zusammengedreht. Durch Schlagen von drei oder vier Kardeelen entsteht die meist rechts geschlagene Leine oder Trosse; durch Zusammendrehen von drei oder vier Trossen entsteht das Kabel. Es ist linksgängig, wenn die Trossen links geschlagen sind und rechtsgängig, wenn die Trossen rechts geschlagen sind.

*Linke Seite: Eine an Deck aufgeschossene Leine.*

*Der einfache Palstek, einer der meist benutzten Knoten.*

*Ein Fender, mit Hanfgeflecht bekleidet. Paßt gut auf eine klassische Yacht.*

*Auftuchen eines Segels; Kreuzknoten, in drei Phasen dargestellt.*

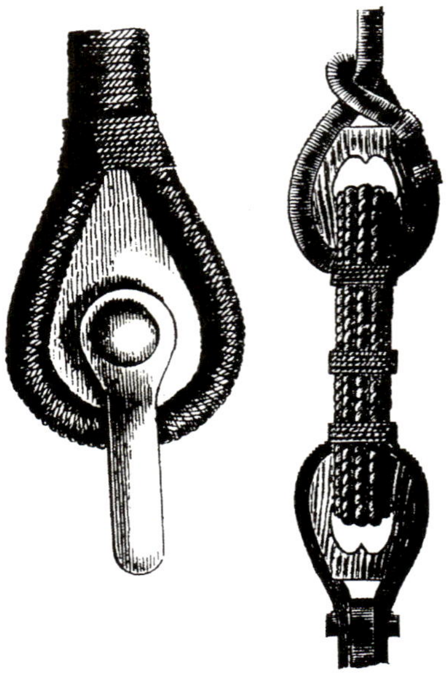

*Ein Augspleiß, der oft bekleidet wird, wie hier die Bekleidung der Kausch.*
*Ein Stropp mit Jungfern und Taljenreepen.*

*Rechts: Zwei Festmacherleinen auf den Mittschiffspollern; die Leinen sind so aufgeschossen, daß sie klar auf die Poller laufen.*

Leinen werden immer gegen den Schlag aufgeschossen: rechts geschlagene Leinen entgegen dem Uhrzeigersinn und links geschlagene Leinen mit dem Uhrzeigersinn. Eine naß gewordene Leine wird an Deck am besten in Achtform aufgeschossen.

*Ein schöner starker Poller auf einer klassischen Yacht. Die Festmacher mit ihren Augen liegen auf zwei Ebenen.*

*Segelauftuchen auf der* Puritan *vor dem Verstauen unter Deck; man beachte das aufgeschossene Tauwerk auf der Nagelbank an der Steuerbordseite des Großmastes.*

*Hölzerne Klampen am unteren Teil des Mastes.*

*Augspleiß.*

*Detailaufnahme einer Bekleidung über einer Metallkausch mit Schäkel.*

# Winschen und Spills

*Zwei Winschen auf klassischen Yachten mit dem Namen des Herstellers.*

*Ein Ankerspill für Kette und Leine.*

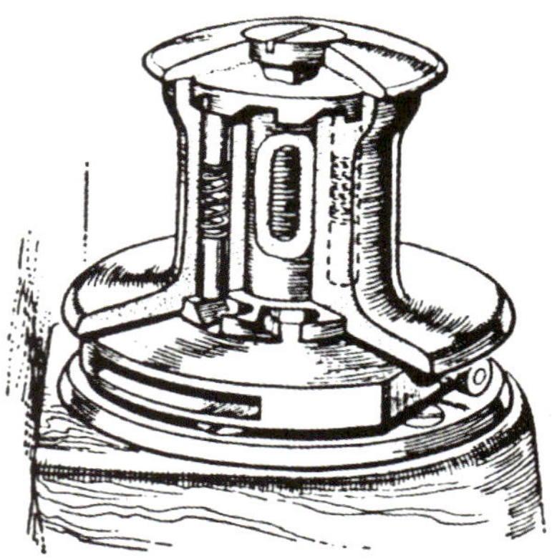

*Schnittbild der von Laurent Giles für die* MYTH OF MALHAM *konstruierte Winsch für Vorschoten, 1947.*

Vorläufer der Winschen auf den Sportbooten ist das klassische Ankerspill, bei dem eine auf einer waagerechten oder senkrechten Achse sitzende Trommel gedreht und damit die darauf gelegte Leine bzw. Kette geholt wird.

Nach dem gleichen Prinzip arbeiten die Winden oder Winschen, die, fest mit dem Deck verbolzt, bei der Handhabung des laufenden Gutes eine nennenswerte Kraftersparnis bringen.

Ihre richtige Aufstellung ist sehr wichtig, damit »der Mann an der Winsch« seine ganze Kraft einsetzen kann.

Normalerweise sind sie seitlich des Cockpits auf dem Deck und am unteren Teil des Mastes, etwa in Hüfthöhe, angebracht.

*Rechts: Drei Winschen in richtiger Aufstellung neben dem Cockpit der* TRIVIA *von 1937.*

# Leitösen und Führungen

*Links eine Klampe an Deck der* NYALA.

Sie sind auf dem Deck angebracht und dienen zur Führung oder Spreizung von Leinen und Trossen aller Art. Sie sollen ein leichtes Ablaufen der Leinen mit möglichst geringen Reibungsverlusten bewirken. Richtig verteilt verhindern sie ein Verkinken der Leinen, führen zu den Winschen und verleihen dem gesamten System eine zweckentsprechende Führung.

Man nennt sie Umlenkrollen, wenn sie die Richtung des Tauwerks verändern und zur Verminderung der Reibung mit kleinen Scheiben versehen sind.

*Der stählerne Kopf des Spinnakerbaums liegt fest in seinem Lager aus Teakholz.*

*Linke Seite: Der Bug eines Dingis mit Umlenkrolle für das Großfall auf dem Vorsteven und zwei Lippklampen zur Führung der Festmacher.*

*Detailaufnahme eines hölzernen Leitauges mit Haltebügel aus Messing. Die Kanten des Holzes sind zur Reibungsverminderung abgerundet.*

# Anker

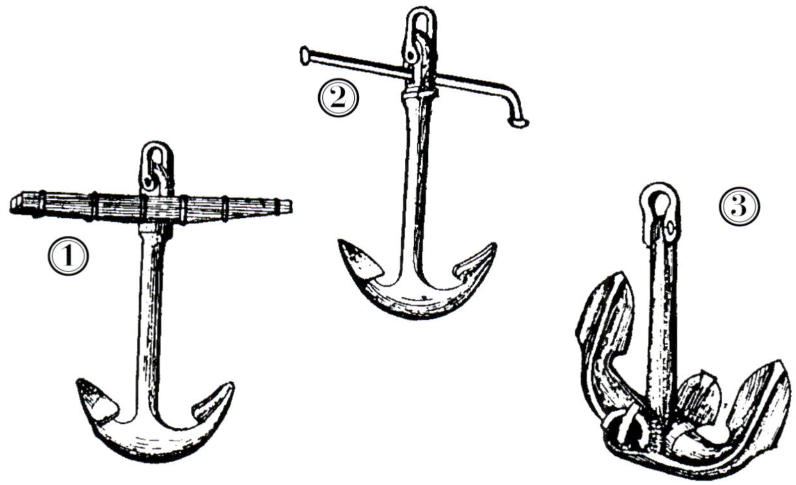

*Einige Ankertypen:*
*① Alter Anker mit festem hölzernem Stock.*
*② Admiralitätsanker mit beiklappbarem Stock.*
*③ Moderner Anker ohne Stock und mit beweglichen Flunken.*

*Der Bug der Orion: Der Anker ist mit dem ganzen Schaft in die Klüse geholt, nur die klappbaren Flunken bleiben draußen.*

*Ein Admiralitätsanker mit beigeklapptem Stock an Bord einer Yacht, gekattet und klar zum seitlichen Festzurren auf dem Vordeck.*

Der Anker besteht aus einem geraden Teil, dem Schaft. An seinem unteren Ende liegen die beiden Ankerarme – fest oder beweglich –, die auf dem Grund fassen.

Es gibt Anker mit und ohne Ankerstock, dem festen und dem beiklappbaren »Querbalken«, der am oberen Ende des Schaftes quer zu den beiden Armen sitzt.

Am oberen Ende des Schaftes ist ein kräftiger, beweglicher Ring angebracht, der »Ankerring«, an dem die Kette oder die Ankertrosse, die stärkste Trosse an Bord, befestigt ist.

Gesetzlich vorgeschrieben sind mindestens zwei Anker; ein großes Schiff hat normalerweise zwei Gebrauchsanker, einen Reserveanker und ein Paar Warpanker.

*Das kleine senkrechte Spill für die Ankerkette auf der* MOYA.

# Laternen

Laternen sind aus Metall und Glas in Form eines Käfigs gebaut, in dem die Lichtquelle geschützt untergebracht ist.

Lampen und Laternen im Schiffsinneren und außen werden je nach ihrer Funktion und der Stelle der Anbringung unterschiedlich benannt.

Zu den Navigationslichtern gehören die Seitenlaternen, die vor der Mitte des Schiffes seitlich angebracht sind, im Masttopp sitzt das weiße Topplicht, dann die Ankerlaterne mit weißem Licht auf dem Vorschiff, wenn das Schiff vor Anker liegt, weiterhin die weißen Topplichter, die übereinander angeordnet – das untere vorn, das obere weiter hinten – die Fahrtrichtung anzeigen und schließlich das weiße Hecklicht.

*Hecklicht der* Madre Gulia, *1885 in Lavagna erbaut.*

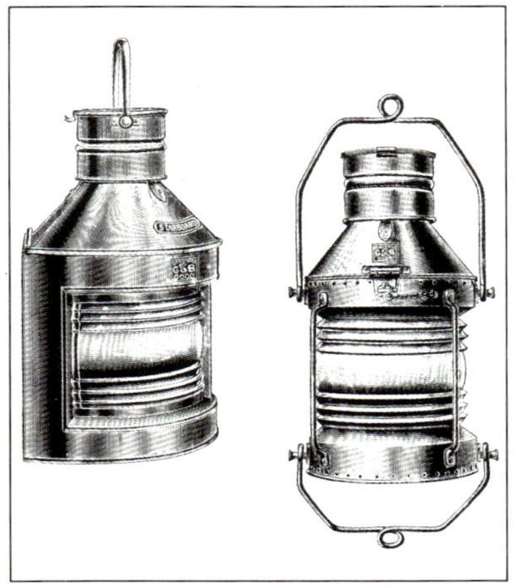

*Die Zeichnungen zeigen Abbildungen von Lampen vom Anfang unseres Jahrhunderts aus einem alten englischen Katalog. Rechts eine Seitenlaterne, links eine Hecklaterne, unten eine Ankerlaterne und eine Kartenhauslampe.*

*Steuerbord-Seitenlaterne der Ketsch* TIRRENIA II *mit dem traditionellen hölzernen Lampenbrett auf den Wanten des Großmastes.*

26

34

# Die großen Treffen klassischer Yachten

Seit einer Reihe von Jahren werden in vielen Ländern Veranstaltungen, Treffen und Regatten für alte und klassische Yachten abgehalten. So leben die Wettkämpfe vergangener Zeiten wieder auf: in den Klassen der 12-, 8-, 6- und 5,5 m-R-Booten, den Rennen der J-Klasse und den Wettkämpfen der Segellängenklassen.

Bei den wichtigsten Regatten und Veranstaltungen für diese Schiffe gelten die Regeln der AIVE, Associazione Italiana Vele d'Epoca, nach denen als alte Yachten nur solche gelten, die für ausschließlich nicht gewerblich genutzte Zwecke vor dem 31. Dezember 1949 in Holz oder Metall erbaut wurden und deren ursprünglicher Entwurf und Verwendungszweck nicht verändert wurde. Hinzu kommen diejenigen, die zwischen dem 1. Juli 1946 und 31. Dezember 1949 entworfen und bis zum 30. Juni 1952 erbaut wurden.

Als »klassische Yachten« gelten Boote, die für nicht gewerbliche Zwecke nach dem 31. Dezember 1949 und vor 1974 in Holz oder Metall zu Wasser gingen. Außerdem werden die »Nachbauten« dieser Yachten unabhängig vom Datum ihrer Herstellung zu diesen Rennen zugelassen, sofern sie originalgetreue Nachbauten von Booten sind, die aus den angegebenen Zeiten stammen und diejenigen Techniken und Materialien benutzen, die zur Zeit des Originals im Yachtbau gebräuchlich waren.

*Linke Seite: Drei klassische Yachten beim Wettsegeln. Die sportlichen Veranstaltungen für die »Königinnen der Meere« werden immer besser besucht, und die alten Damen haben keinen Grund zum Neid auf den Hochleistungssport ihrer Nachfahren.*

**Freundeskreis klassischer Yachten**
Treffen in Flensburg, Glückstadt, Laboe und Berlin sowie auf dem Scharmützelsee und der Alster. Ziel ist der Erhalt der noch fahrenden klassischen Yachten als schwimmendes Kulturgut sowie die Dokumentation der deutschen Yachtgeschichte.
*Organisation:* Wilfried Horn, Mühlenstraße 36, D-24143 Kiel, Tel.: 04 31 / 7 62 77

**Treffen des Club Sangermani**
(Raduno del Club Sangermani)
Portofino, normalerweise Mitte Juni
*Organisation:* Club Sangermani, Via Dei Devoto, 235
I-16033 Lavagna, oder: Piazza Borromeo, 12 – I-20123 Mailand

**Adria-Treffen historischer und klassischer Yachten**
(Raduno dell'Adriatico di vele d'epoca e classiche)
Eine wahre Meisterschaft, die von Mai bis Juni in mehreren Treffen vor Porto S. Margherita di Caorle abläuft!
*Organisation:* Circolo Nautico Porto S. Margherita, Via Pigafetta, 18 - I-30020 Porto S. Margherita di Caorle (Ve)

**Auf den Spuren des Äneas**
(Sulla rotta di Enea)
Treffen klassischer und historischer Boote in der Adria, von Juni bis Juli in verschiedenen Häfen Apuliens
*Organisation:* CNM Media Event, Via R. Da Bari, 30
I-70122 Bari

**Treffen historischer Yachten**
(Raduno di Yacht d'epoca)
In Imperia, alle zwei Jahre in geraden Jahren, Mitte September
*Organisation:* Camera Commercio, Viale Matteotti, 48
I-18100 Imperia

**San Pellegrino Veteran Boat Rally**
Auf Sardinien in Porto Cervo und Porto Rotondo, alle zwei Jahre in ungeraden Jahren, Anfang September
*Organisation:* Yacht Club Costa Smeralda
I-07020 Porto Cervo (SS)

**Treffen historischer und klassischer Boote**
(Raduno Barche d'epoca e classiche)
In Palermo, jedes Jahr im September
*Organisation:* Associazione Mare d'epoca – Tel.: 0 91 / 34 10 23

**Trofeo Eduardo De Martinoper vele d'epoca**
In Sorrent, im September
*Organisation:* Lega Navale Italiana/del. Penisola sorrentina, C.P.38 – I-80062 Meta (Na),
oder: Vincenzo Astarita, Corso Italia, 267 – I-80067 Sorrent

**Veteranen unter Segeln**
(Nonne in Vela)
In Gargnano am Gardasee findet jedes Jahr am 1. Oktober ein internationales Treffen historischer und klassischer Yachten statt.
*Organisation:* Soc. Sportiva Alto Garda Vela, Via Libertà, 61
I-25084 Gargnano

**Nioulargue**
Früher das Treffen klassischer und historischer Yachten in Saint-Tropez jährlich Anfang Oktober
*Organisation:* Yacht Club de Pampelonne

**Regatta klassischer Holzyachten**
(Regata per barche classiche in legno)
In Triest, Mitte Oktober
*Organisation:* Ass. Amici del Mare & Yacht Club Adriaco, Molo Sartorio, 1 – I-34100 Trieste

**Europapokal der 12-m-R-Yachten**
Zur Wertung gehört die Teilnahme an diesen Wettfahrten:
1. Livorno »Trofeo Accademia«
2. S. Margherita Ligure »Classic Week«
3. Saint-Tropez »Saint-Tropez Rolex Cup«
4. Imperia »Raduno vele d'epoca«
5. Saint-Tropez »Nioulargue«

*Informationen*: A.I.V.E. – Associazione italiana vele d'epoca – c/o Yacht Club Italiano, Porticciolo Duca degli Abruzzi, CH-16100 Genf

**Trofeo Durand de la Penne**
Regatta von La Spezia zur Insel Capraia für Yachten, die in der A.I.V.E. organisiert sind.

**XII Trofeo Almirante Conde de Barcelona**
Palma di Mallorca
*Organisation:* R.A.N.C. - Tel.: 3-48773356

**Monaco Classic Week**
Monte Carlo
*Organisation:* Yacht Club Monaco – Tel.: 93 50 14 13

**Regates Royales**
Cannes
*Organisation:* Cannes Yacht Club – Tel.: 93 99 39 12

# Literaturverzeichnis


ARMINJON, Vittorio F.: *Elementi di attrezzatura e di manovra delle navi*, Genf, R. Ist. Sordo-Muti, 1876

BARDESONO di RIGRAS, Carlo: *Vocabolario Marinaresco*, Rom, Lega Navale Italiana, 1932

BELLEC, Francois: *La navigazione*, Turin, Nuova ERI, 1992

BOBRIK, Eduard: *Handbuch der Praktischen Seefahrtskunde*, Kassel, Horst Hamecher, 1978. Nachdruck der Ausgabe 1848

BRIX, A.: *Bootsbau. Praktischer Schiffbau*. Herausgegeben vom Akademischen Verein Hütte e.V., Hamburg, Edition Maritim, 1998. Nachdruck der Ausgabe 1929, erschienen bei Wilhelm Ernst & Sohn, Berlin

BROWN, H. Ltd.: *Ship's Fittings and Stores* (Verkaufskatalog), London, um 1900

Catalogo Bolaffi dello Yachting, Turin, G. Bolaffi Editore, 1967

CHAPELLE, Howard I: *Yacht Designing and Planning*, New York, Norton & Company, 1936

CHAPELLE, Howard I: *The American Fishing Schooners 1825–1935*, New York, Norton & Company, 1973

CLAVIEZ, Wolfram: *Seemännisches Wörterbuch*, Bielefeld, Delius Klasing Verlag, 1994

CORSICO, Mario: *Le Barche d'Italia. Disegno e Costruzione*, Genf, A. Dellacasa, 1938

CURTI, Orazio: *Enzyklopädie des Schiffsmodellbaus*, Bielefeld, Delius Klasing Verlag, 1999

*Dizionario enciclopedico marinaresco*, Mailand, Mursia, 1972

*Dizionario di Marinas medioevale e moderno*, Rom, Reale Accademia D'Italia, 1937

*Elsevier's Nautical Dictionary*, Amsterdam, Elsevier Scientific Publishing Company, 1978

*Enciclopedia della vela*, Mailand, Mursia, 1986

FOX, Uffa: *Sailing, Seamanship and Yacht Construction*, London, P. Davies, 1936; *Racing Cruising and Design*, Shedfield Ashford Press, 1985. Nachdruck der Ausgabe 1937

GALLO, Vincenzo: *Almanacco Nautico per l'anno 1846*, Triest, Tip. Weis, 1845

GUGLIELMOTTI, Alberto: *Vocabolario e Militare*, Mailand, Mursia, 1967. Nachdruck der Ausgabe 1889, erschienen bei Voghera, Rom 1889

HEATON, Peter: *A History of Yachting in Pictures*, London, Tom Stacey, 1972

ILLINGWORTH, John, H.: *La coppa America. Storia della piú celebre sfida velica del mondo*, Mailand, Mursia, 1983

KEMP, Dixon: *Yacht Architecture: a treatise*, London, Horace Cox, 1891

LEATHER, John: *Das Gaffelrigg*, Kiel, RKE-Verlag, 1991

LEATHER, John: *Colin Archer and the Seaworthy Double-Ender*, Penrayn, Waterside Publications, 1995

LEE, A./PHILPOTT, R.: *Laurent Giles. An Evolution of Yacht Design*, London, Nautical Publishing, 1990

MARCHAJ, Carl Antony: *Seetüchtigkeit – Der vergessene Faktor*, Bielefeld, Delius Klasing Verlag, 1988

MARZARI, Mario: *Le barche di Sangermani, un secolo di storia*, Novara, De Agostini, 1993

PAASCH, H.: *Vom Kiel zum Flaggenknopf. Illustriertes Marinewörterbuch in Deutsch, Englisch und Französisch*, Hamburg, Eckardt & Messtorff, 1978. Nachdruck der Ausgabe 1901

PHILLIPS-BIRT, Douglas: *Fore & Aft Sailing Craft & The development of the Modern Yacht*, London, Seeley Service & Co., 1962

*Regolamento per la stazza, i requisiti e le dotazioni per gli yachts d'epoca e classici*, Genf AIVE

ROBINSON, Bill: *The Great American Yacht Designers*, New York, A.A. Knopf, 1974

SCIARRELLI, Carlo: *Die Yacht. Ihre Herkunft und ihre Entwicklung*, Bielefeld/Berlin, Delius Klasing Verlag, 1973

von STERNECK: *Takelung und Ankerkunde*, 2 Bde., Wien, k.k. Hof-Staatsdruckerei, 1873

SVENSSON, Sam: *Handbok i Sjömansarbete*, Stockholm, Raben & Sjögren, 1974

TILLER, Artur: *Handbuch des Wassersports*, Bielefeld, Delius Klasing Verlag, 1997. Nachdruck der Ausgabe 1955, erschienen im Otto Maier Verlag, Ravensburg

VANDERDECKEN: *Yachts and Yachting*, London, 1873. Nachdruck bei Scolar Press, London, 1979

VERONESE, Bruno: *Yacht, progetto e costruzione*, Rom, Editrice Incontri Nautici, 1991

*Yachtbau und Yachtsegeln*, herausgegeben von der Redaktion »DIE YACHT«, Yacht-Bibliothek Band I und II, Berlin, Verlag Dr. Wedekind & Co. G.m.b.H., 1910

Außerdem zahlreiche Artikel aus den Zeitschriften »Nautica«/Rom und »Yacht Digest«/Mailand